LA BIBLE DES ANGES

Chez le même éditeur :

La bible du Yoga, Christina Brown
La bible des cristaux volume I, Judy Hall
La bible des cristaux volume II, Judy Hall
La bible de l'homéopathie, Brenda Mallon
La bible des charmes et enchantements, Ann-Marie Gallagher
La bible de la magie naturelle, Ann-Marie Gallagher
La bible du Feng shui, Simon Brown
La bible de l'astrologie, Judy Hall
La bible de la méditation, M. Gauding
La bible de l'aromathérapie, G. Farrer-Halls
La bible de la chiromancie, Jane Struthers
La bible des anges, Hazel Raven
La bible du tarot, Sarah Bartlett
La bible des rêves, Brenda Mallon
La bible des chakras, Patricia Mercier
La bible des fées, Teresa Moorey
La bible des arts divinatoires, J. Struthers
La bible de l'astrologie chinoise, D. Walters
La bible de la parapsychologie, J. Struthers
La bible de la réflexologie, Louise Keet
La bible des créatures mythiques, B. Rosen
La bible de la mythologie, Sarah Bartlett
La bible du massage, Susan Mumford
La bible des signes et symboles, M. Gauding

LA BIBLE DES ANGES

TOUT CE QUE VOUS AVEZ TOUJOURS DÉSIRÉ
CONNAÎTRE DES ANGES

Troisième édition

Hazel Raven

GUY TRÉDANIEL ÉDITEUR
19, RUE SAINT-SÉVÉRIN
75005 PARIS

Titre original :
The Angel Bible

Traduit de l'anglais par Antonia Leibovici

EAN : 978-2-8132-0104-1

Imprimé en Chine

editions-tredaniel.com
info@guytredaniel.fr

Note

Ce livre ne donne que des informations générales. L'éditeur, l'auteur et le distributeur récusent toute responsabilité quand aux incidents survenus suite à l'utilisation directe ou indirecte de ces informations, ainsi que pour toute erreur ou omission. L'adaptation et l'application des informations de ce livre sont de la responsabilité du lecteur.

Sommaire

Première partie

INTRODUCTION

Que sont les anges ?

Les anges sont des messagers ailés : le terme ange vient du grec *aggelos*, "messager". Les anges sont censés être une passerelle entre le Ciel et la Terre, un canal entre Dieu et le monde matériel. Êtres immortels de conscience pure, exempts des limitations du temps et de l'espace, les anges sont unis pour l'éternité à l'énergie extatique rayonnant du Divin. Chaque ange est un point focal d'amour divin, qu'il canalise sans le modifier.

Beaucoup sont persuadés que tous les anges ont été créés par Dieu au second jour de la Création, parfaits, intelligents, immortels, dotés de libre arbitre. La plupart des anges ont choisi immédiatement de renoncer à leur libre arbitre et se sont joints pour l'éternité à leur Créateur. Toutefois, quelques anges souhaitaient disposer de leur pouvoir et de leur gloire – les "anges déchus".

Chacun perçoit les anges à sa manière. Les rencontres les plus subtiles voient des manifestations physiques d'êtres ailés. Les anges n'ont pas de genre, car ils sont faits de pur esprit (vibration). Cependant, leurs attributs masculins et féminins sont parfaits et complets, si bien qu'ils sont une forme androgyne.

Les anges ont-ils des ailes ? L'art religieux représente les anges comme des êtres parfaits, vêtus de longues robes, à la chevelure magnifique, dotés d'un nimbe et d'ailes. Toutefois, les anges sont pur esprit, donc dépourvus de réelle forme physique. D'où vient alors l'idée qu'ils ont des ailes ?

Nombre de sources religieuses parlent d'anges ailés. L'Archange Gabriel (Djibril dans le monde islamique) qui a dicté le Coran à Mahomet, avait, paraît-il,

“140 paires d’ailes”. Dans les textes apocalyptiques I Hénoch et II Hénoch, on trouve aussi des descriptions d’anges ailés. Beaucoup de cultures ont parlé d’êtres ailés – on a découvert des mythes, des légendes, des statues et même des peintures rupestres de ces créatures surnaturelles. Les récits des visionnaires décrivant des messagers célestes précisent qu’ils ont des ailes ou apparaissant dans une “lumière céleste”.

La lumière entourant les anges est probablement leur corps astral, leur aura. Les mystiques et les guérisseurs parlent souvent de ce champ énergétique subtil enveloppant le corps humain. L’aura humaine est formée de sept strates. À un examen attentif, on constate qu’elle est formée en fait de milliards de lignes énergétiques distinctes, chacune montant depuis une “colonne vertébrale spirituelle” centrale, ce qui leur donne l’apparence de plumes. Comme le champ d’énergie angélique semble énorme, le mental tente de revêtir la vision céleste de forme humaine.

Commet utiliser ce livre. La Première partie traite des anges et de la manière de les inviter dans sa vie, la Deuxième offre un répertoire détaillé des traditions angéliques. Les onze chapitres traitent entre autres des hiérarchies angéliques, des couleurs, de la guérison, des cristaux, de la Kabbale, des méditations et des affirmations.

L’ange de ce vitrail représente l’Archange Gabriel lors de l’Annonciation à la Vierge Marie.

Sources des traditions angéliques

L'apparition des traditions angéliques se perd dans la brume des temps. Cependant, les premiers textes sumériens, égyptiens, perses et védiques mentionnent des êtres ailés ou des messagers divins. Une stèle sumérienne exposée au British Museum montre un être ailé versant "l'eau de la vie" dans la coupe du roi.

L'étude des anges est appelée angélologie. Au fil des siècles, des traités détaillés sur les hiérarchies angéliques ont été compilés, souvent copiés ou traduits à partir de textes bien plus anciens.

Lorsqu'on cherche l'origine de la tradition angélique, on doit comprendre que la plupart des textes traitant de ce sujet ont été rédigés par des mystiques, des prophètes, des législateurs, des poètes et des chroniqueurs. À l'époque de l'apparition du christianisme, par exemple, les nombreux textes angéliques faisaient autorité, bien que le Pentateuque (la Bible hébraïque) ne les mentionne pas.

La Bible parle souvent d'anges, sans toutefois préciser leur origine, à quelques exceptions près. Gabriel et Michaël sont mentionnés nommément dans l'Ancien Testament, Raphaël apparaît dans le Livre de Tobie (livre apocryphe inclus dans l'Ancien Testament par la Bible grecque orthodoxe et la Bible catholique, inconnu de la Bible hébraïque, placé avec les Apocryphes dans les versions protestantes). Quelques anges de l'Ancien Testament sont désignés par l'expression "hommes en blanc", en raison de leurs habits en lin blanc (symbole d'immortalité).

D'autres sources angéliques. Les Livres d'Hénoch (voir page 66) sont des textes extracanoniques, riches en traditions angéliques. Le Livre d'Hénoch éthio-

Saint Pierre reçoit l'aide angélique lui permettant de s'évader miraculeusement de prison.

pien (appelé aussi I Hénoch) a subsisté entièrement uniquement en langue éthiopienne. Le Livre des Secrets d'Hénoch (II Hénoch) a survécu seulement en vieux slave. Bien qu'exclus de la Bible, les Livres d'Hénoch étaient encore largement cités des siècles plus tard par les autorités ecclésiastiques. Ils sont souvent mentionnés dans le Nouveau Testament.

Des fragments de I Hénoch ont été découverts parmi les manuscrits de la mer Morte. Certains fragments araméens faisant partie d'Hénoch hébreu (III Hénoch) semblent comporter la liste la plus ancienne connue de noms d'anges.

Une hiérarchie céleste. L'ouvrage anonyme du Ve siècle *Corpus Areopagiticum,*

Fragment du Livre d'Isaïe*, l'un des manuscrits de la mer Morte trouvé dans la grotte I de Qumran. L'illustration présente Isaïe 30:20 à 31:4.*

faussement attribué à Pseudo-Denys l'Aréopagite (in Actes 17:34), théologien et philosophe du Ier siècle, englobe *La Hiérarchie céleste,* devenu un classique sur les anges. Saint Thomas d'Aquin s'y est inspiré pour sa *Somme théologique,* pierre angulaire de la foi catholique.

La tradition angélique a toujours été forte dans l'islam. Son ensemble d'anges est impressionnant et semble s'inspirer des textes zoroastriens, babyloniens, assyriens et chaldéens.

L'une des plus riches sources de connaissances sur les anges est la Kabbale (voir pages 70 et 71), tradition mystique juive, corpus de textes dont les plus importants sont le *Zohar,* le "Livre de la Splendeur", et le *Séfer Yetsirah,* le "Livre de la Création".

Les amis des anges. Emanuel Swedenborg (1688-1772), homme de science, philosophe et mystique suédois, pensait que les anges étaient des humains perfectionnés, un peu comme les bodhisattvas bouddhistes. Il était aussi persuadé que les anges étaient les âmes sœurs des humains, ayant pour devoir de les aider à évoluer spirituellement. Swedenborg affirmait communiquer tous les jours avec les anges et notait dans son journal les récits détaillés de ces dialogues. Ses livres publiés en latin décrivaient les années passées à faire des recherches dans le monde merveilleux des cieux.

Le mouvement New Age a suscité une renaissance de l'intérêt pour les anges. D'innombrables personnes en quête de spiritualité font tous les jours l'expérience du contact angélique. Jadis, l'intérêt excessif pour les anges avait été découragé par les autorités chrétiennes primitives à cause des questions théologiques compliquées qu'il suscitait. Jésus ne mentionne pas les anges, mais saint Paul met en garde contre le contact angélique. Toutefois, l'Église catholique romaine a toujours encouragé ses ouailles à s'attacher à leur ange gardien.

Pourquoi inviter les anges dans sa vie ?

L'intérêt pour les anges s'accroît tous les jours. Les gens parlent sans se cacher de la manière dont les anges les ont aidés ; les histoires d'interventions angéliques abondent, les œuvres d'art suscitant l'inspiration sont pléthore. Cet intérêt transcende les langues, les cultures et les frontières.

Les anges se présentent sous toutes les formes, tailles et nuances. Certains sont des êtres sophistiqués et puissants, maîtres des mystères étayant la base même de l'univers. Les cinq sens ne sont tout simplement pas appropriés pour percevoir ces êtres miraculeux faits de la lumière et de l'amour éternels de Dieu et les décrire.

D'autres réconfortent lors des périodes de grand désespoir. Ces anges "messagers" se montrent au bon moment. L'ange gardien d'une personne, bien qu'attaché aux immenses anges planétaires, est toujours avec elle et ne quitte jamais son côté. Certains anges suscitent l'inspiration grâce aux vertus cosmiques comme l'honnêteté, la bonté, l'humilité, la pureté, la beauté et la joie. D'autres semblent réjouir le cœur et encourager la participation joyeuse.

Pourquoi tellement de gens invitent-ils les anges dans leur vie quotidienne ? Sont-ils en train de se débarrasser du sortilège du matérialisme, de la cupidité et de la séparation de Dieu jeté par le sens immodéré de leur propre importance ? À mesure qu'on approche de "la fin des temps" prophétisée par la Bible et par bien des cultures anciennes, Dieu envoie-t-il plus d'anges sur Terre afin de favoriser l'évolution spirituelle de la planète ? D'innombrables prophètes ont annoncé la venue d'un nouvel "Âge d'or" où les anges marcheront une fois de plus de concert avec les hommes.

La Vierge Marie est souvent représentée en tant que Reine des anges, comme ici, dans le Couronnement de la Vierge.

Chaque personne a un ange gardien qui lui a été attribué avant sa naissance pour la protéger.

L'Ère du Verseau. En termes astrologiques, l'Ère des Poissons – époque d'influence paternelle où la responsabilité du comportement, de l'évolution et de la croissance spirituelle avait été laissée à la charge des autres – s'achève, pour laisser la place à l'Ère du Verseau, où cette responsabilité est assumée par l'individu.

Le travail avec les anges offre l'occasion de développer la sagesse, de consolider la compréhension de soi et de dépasser les obstacles en se connectant à sa lumière intérieure, voie directe vers Dieu. En intégrant son corps, son mental et son esprit dans une entité cohérente, on élève non seulement son taux de vibration, mais aussi le taux de vibration de l'ensemble de l'humanité ainsi que celui de la Terre. Le terme "état de conscience" (fré-

quence vibratoire) désigne la fréquence de l'activité du cortex cérébral. À mesure de l'accroissement du taux vibratoire, on atteint des états d'activité cérébrale plus subtils (spiritualité), jusqu'à faire dans un silence parfait l'expérience de l'unité avec Dieu.

L'énergie subtile a ses propres lois spirituelles qui sont activées au rythme de l'intensification du taux vibratoire. En se servant des photons, le cortex cérébral engendre des pensées – action prenant place sur le plan quantique. Des chercheurs ont émis l'hypothèse que dans des états supérieurs de conscience les deux hémisphères cérébraux s'équilibrent parfaitement, ce qui suscite un état extatique.

Réconcilier le Ciel et la Terre. Lorsqu'on invite des anges dans sa vie, on évolue spirituellement en réunissant en soi le Ciel et la Terre. Les anges attendent cet appel, ils désirent aider toutes les actions de la vie – il n'y a pas de tâche qu'ils ne puissent pas favoriser. En fait, ils se consacrent entièrement à aider l'humanité spirituellement et pratiquement.

Les anges obéissent à la loi cosmique, autrement dit ils s'engagent sans réserve. Ils ont le devoir de diriger l'amour mystique de Dieu vers tous les hommes, qu'ils aident à accroître leur taux de vibration. À son tour, celui-ci permet aux hommes de se réunir avec leur propre conscience de Dieu, tellement transformatrice qu'ils sont définitivement changés.

Accroître le taux vibratoire

La première étape et la plus importante de l'établissement d'une forte connexion avec le domaine angélique est la purification, la sienne et celle de son environnement. La raison ne semble parfois pas évidente au premier coup d'œil, mais les anges existent sur un plan vibratoire plus élevé, imperceptible à la plupart des humains. Les anges vivent dans le monde de l'esprit (énergie subtile), les êtres humains, dans le monde physique des cinq sens. Les anges sont naturellement attirés par les personnes à l'état de conscience supérieur.

Mettre de l'ordre dans sa vie. Pour faire de la place aux anges dans sa vie, on doit mettre sa demeure en ordre, se débarrasser des objets inutiles, nettoyer la maison sur tous les plans. Il faut aérer tous les jours pour faire sortir l'énergie usée et la rendre inoffensive grâce à la lumière naturelle. Le son brise l'énergie stagnante – un cristal, un bol chantant, une clochette, un gong, des ting-sha (petites cymbales tibétaines), des crécelles ou des tambours conviennent. Battre des mains élimine efficacement

Le tambour élimine l'énergie stagnante et élève l'énergie vibratoire de l'espace d'une personne.

Les bols chantants tibétains ont été utilisés pendant des siècles par les moines bouddhistes pour la méditation et les cérémonies religieuses. Aujourd'hui, ils sont connus dans le monde entier.

l'énergie stagnante, surtout dans les coins des pièces. La musique "angélique" élève la vibration. Une belle musique permet d'ouvrir le plus rapidement le chakra du cœur (voir pages 122 et 123).

Il faut vider l'ensemble de la maison de ce qui ne sert plus – écarter le fouillis matériel aide à clarifier l'esprit. Les meubles anciens et surtout les bijoux d'occasion doivent être purifiés soigneusement – la fumée d'encens éloignera les vibrations indésirables. Toute énergie usée sortira par les fenêtres ouvertes.

Il est préférable de donner les vêtements qui n'ont pas été portés depuis au moins deux ans, surtout s'ils ne sont plus de la bonne taille. Les vêtements anciens ou d'occasion doivent être nettoyés avant d'être portés.

Les personnes et les lieux sapant l'énergie sont à éviter. Lorsqu'on peut garder sa vibration angélique supérieure, on est susceptible d'aider les autres et d'élever leur vibration de par sa simple présence.

Sentir la présence des anges

À mesure que les gens deviennent conscients des anges, la voile entre notre monde et le leur s'amenuise. On n'a pas besoin d'être clairvoyant pour percevoir le contact angélique. Il est aussi très important de se rappeler que les anges désirent en fait communiquer tous les jours avec les gens.

Les anges, êtres divins, obéissent à la loi cosmique. Ils ont le devoir de donner d'eux-mêmes sans compter, d'épancher leur essence divine d'amour et de lumière. L'assistance angélique est toujours disponible ; il suffit de la demander.

La plupart des gens ne voient jamais un ange, bien qu'ils soient conscients de sa présence. Les anges peuvent être perçus par tout sens humain, quel qu'il soit. En voici quelques exemples :

- L'atmosphère de la pièce change brusquement, on se sent entouré d'un éclat chaleureux. L'air picote ou un courant d'énergie semble descendre le long de la colonne vertébrale.

- Une belle fragrance parfume tout d'un coup la pièce. Cet arôme doux est décrit de bien des façons – fleurs printanières, myrrhe.

- On perçoit un goût particulier, souvent sucré – la saveur de l'ambroisie céleste. On entend un son éthéré. La musique angélique est fréquemment associée à la guérison et au renouvellement.

- Une impression d'amour et un sentiment extrêmement intense de paix.

- Des lumières multicolores apparaissent de nulle part. Des colonnes de lumière vive ou même des sphères bariolées dansent devant les yeux, spécialement quand on travaille avec des anges de guérison ou quand on s'assoupit.

La méditation aide à atteindre la tranquillité nécessaire pour devenir conscient des changements énergétiques environnants.

- Pendant les méditations angéliques, on voit devant soi une lumière éblouissante, même si on a les yeux fermés.
- On perçoit la caresse des ailes de l'ange, qui enveloppent parfois son corps, ou on sent des mains angéliques se posant sur ses épaules.
- Pendant la méditation, beaucoup perçoivent la "brise angélique" agitant gentiment leurs cheveux. Certains disent que ce sont les anges redressant le lotus à mille pétales (symbole du chakra couronne, voir pages 102 et 103).
- On devient conscient d'un nombre croissant de coïncidences dans sa vie ou les problèmes semblent se régler tout seuls – parfois des manières les plus inattendues.

Signes et cartes de visite angéliques

Parfois, les anges manifestent leur présence de manière très visible. On peut effectivement demander à un ange de se montrer. Voici quelques signes de ce phénomène :

Nuages. On peut voir des anges dans les formations nuageuses, surtout au-dessus des sites sacrés, ou lorsqu'on a demandé l'assistance angélique. Parfois, certains nuages ressemblent à des plumes.

Fleurs. Beaucoup constatent que leurs fleurs durent davantage sur l'autel angélique, parfois même plusieurs mois. Après

Les anges signalent souvent leur présence dans les nuages pareils à des plumes.

un contact particulièrement intense, une des roses a changé de couleur.

Plumes. Les plumes blanches apparaissent dans les endroits les plus inattendus. Lorsqu'on trouve une plume blanche, il faut la porter sur soi, pour être plus près de l'ange. Lorsque je donnais un séminaire sur les anges, j'ai mentionné que ces plumes blanches sont un signe angélique commun. Une auditrice a dit que malgré tout, elle n'était pas convaincue de l'existence des anges. Juste à ce moment-là, une autre personne a remarqué une plume d'un blanc pur collée à la manche de son gilet.

Mots. Souvent après avoir demandé l'aide angélique, on entend le mot "ange" à la radio ou à la télévision, dans une chanson, dans un contexte inhabituel.

Cristaux. Les anges apparaissent dans des cristaux "angéliques" comme la célestite, la séraphinite ou la danburite. Fréquemment, lorsqu'on commence à viser les domaines angéliques une forme angélique se manifeste dans un quartz clair.

Une plume blanche est la carte de visite de l'ange et elles semblent être partout.

Cadeaux angéliques. De nombreux cadeaux angéliques sont disponibles sur le marché : petites épingles en forme d'ange, anges en verre, aimants en forme d'ange, etc. Si on reçoit un tel cadeau, on peut être sûr que les anges ont guidé celui qui l'a offert.

Invoquer les anges

Buvez des tisanes apaisantes pour aider à détendre le mental et le corps, ce qui à son tour permettra d'atteindre des états supérieurs de conscience.

Les anges sont les messagers célestes de Dieu. Ils ne sont pas les servants de gens, mais ceux de Dieu – il ne convient pas de les adorer. Même s'ils inspirent la vénération, il ne faut pas oublier qu'ils sont un reflet de la perfection divine et que c'est cette énergie qui ouvre le cœur à l'adoration.

Les anges ne disposent pas de libre arbitre comme les hommes, mais répondent à "l'appel" de Dieu. Les anges ne peuvent pas interférer dans le libre arbitre humain. Lorsqu'on demande une aide angélique, on doit le faire à partir d'un point intérieur d'amour, d'humilité, de foi et de clarté. Tant que cette requête est positive et ne s'immisce pas dans le plan de vie du demandeur, les anges seront capables de répondre à cet appel.

Par le passé, les mystiques ont passé d'innombrables années à méditer, à prier et à jeûner avant d'éprouver des expériences spirituelles significatives. Les domaines angéliques sont atteints plus rapidement, car le voile entre les mondes est devenu plus mince de nos jours grâce au nombre croissant de gens qui méditent quotidiennement.

Si on se prépare en se connectant à son moi supérieur travers le chakra du cœur, il est plus facile de s'accorder à la conscience angélique. En utilisant la conscience supérieure comme lumière directrice, le processus indispensable de purification mentale est déclenché.

Le bain est considéré équilibrant et purifiant. Utilisé avant la méditation, il aidera à nettoyer le corps et le mental.

Se connecter au moi supérieur. La purification physique – jeûne et nettoyage – améliore la connexion avec le moi supérieur. Le jeûne doit durer au moins 24 heures (suppression des aliments solides, prise de liquides). Les substances créant des dépendances sont à prohiber. Le jeûne détend le système énergétique subtil, calme et focalise le mental.

Les tisanes apaisantes comme la camomille relaxent le corps et le mental, permettant la manifestation des états supérieurs de conscience. Les bains aromatiques éclairés aux chandelles, contenant du sel marin, des cristaux d'halite, des plantes, des pétales de fleurs et des huiles d'aromathérapie ouvrent le cœur à la beauté spirituelle.

Contrôler l'ego (mental inférieur) – attaché à l'autoglorification et aux pensées égoïstes – en appréciant tous les jours ce qu'on a, ouvre aussi la porte du monde angélique. La méditation fait du mental inférieur le servant obéissant du moi supérieur.

Écrire aux anges

Lorsqu'on a des problèmes, on peut écrire à ses anges, ouvrir son cœur, ne pas refouler ses pensées et les laisser se déverser sur le papier, lâcher prise et leur demander de régler les problèmes pour le plus grand bien et le bien de tous. Il ne faut pas tenter de manipuler la situation. On sera parfois agréablement surpris de la vitesse à laquelle le problème est résolu, souvent de manière inattendue. Les anges agissent par des façons auxquelles on n'oserait même pas penser.

Une manière simple de purifier les pensées est de les noter par écrit, en énumérant tout motif de colère ou toute raison d'un mauvais comportement, sans rien cacher, en racontant aux anges ses craintes, ses déceptions, ses désillusions. Les émotions influencent la guérison et la santé. Lorsqu'on revit des émotions négatives, le regard clairvoyant voit celles-ci

Les bougies sont très utiles lorsqu'on travaille avec les anges. Attention à ne jamais laisser une bougie allumée sans surveillance.

Écrire à vos anges aide à vous purifier de vos émotions coléreuses.

comme des taches sombres sur l'aura, susceptibles de se transformer en trous ou en déchirures si l'événement respectif est remémoré plusieurs fois. La liste terminée, le papier est brûlé sans avoir été lu une nouvelle fois, pour que le mental soit purifié.

Purger la colère. Écrire à la personne responsable de cette douleur s'avère tout aussi efficace. Puisque la lettre sera brûlée après avoir été écrite, il n'y a pas de raison de cacher quoi que ce soit – il faut dire exactement ce qu'on ressent. À l'origine, la colère prépare le corps à corriger l'injustice, mais doit être libérée ensuite pour ne pas se solidifier en haine. On doit honorer ses émotions, sans négliger d'élever sa conscience, acte délibéré de chargement individuel en pouvoir.

Parfois, on refuse de pardonner par désir de punir. Pour éliminer la colère envers quelqu'un, il suffit parfois d'admettre ses véritables sentiments à propos du comportement de cette personne, puis de choisir en toute conscience de ne pas se punir soi-même pour avoir éprouvé cette émotion. En disant à haute voix : "J'ai maintenant l'intention de me libérer de toutes mes souffrances à propos de cette situation", on visualise la personne qu'on veut pardonner enveloppée de lumière angélique.

Affirmations angéliques

On peut renforcer la connexion angélique en demandant aux anges de favoriser la motivation permettant d'atteindre des objectifs et de réaliser des rêves. Lorsque la conscience fusionne avec le courant d'amour et de lumière angéliques, on est parfois surpris par le point auquel les rêves deviennent différents.

Avant de faire appel aux anges, on doit savoir ce qu'est une affirmation. On fait des affirmations positives ou négatives du matin au soir. Le corps croit chaque mot qu'il entend. Combien de fois par jour fait-on une affirmation négative à son propre sujet ?

Dès l'enfance, on apprend ce que les linguistes appellent nominalisation – la transformation d'un verbe en substantif. Par exemple, si on dit qu'on ne peut pas gérer une relation, on parle de celle-ci comme s'il s'agissait d'un objet matériel, statique, au lieu de parler d'un attachement – processus dynamique, actif, de communication. Le problème surgit parce que l'attachement est perçu comme statique et donc aucune responsabilité n'est assumée pour le rapport actif établi avec

Faites appel aux anges pour vous aider à déprogrammer votre conscience.

autrui. Quand l'individu nominalise systématiquement, il limite ses choix en percevant le monde de manière figée.

Il ne faut jamais sous-estimer le pouvoir des mots, susceptibles d'affecter profondément, comme le sait tout bon publicitaire, leader religieux et politicien qui bombarde les gens de ses messages.

Affirmations. On combat cette "programmation" en utilisant des affirmations angéliques :

- Pour favoriser la programmation personnelle, on fait appel aux anges et on utilise leur pouvoir. On constate un changement dans sa santé, son comportement et son attitude envers la vie.

- La rédaction d'une affirmation positive pour soi-même, aussi puissante et appropriée pour soi et pour sa situation que possible.

- Toutes les affirmations doivent être positives. En les prononçant, on imagine que c'est déjà arrivé.

- Voici deux affirmations angéliques positives : "Je permets la manifestation dans ma vie des états supérieurs de conscience angélique" ; "Mes anges me guident tous les jours".

Laissez les anges vous guider pour formuler votre affirmation positive.

Créer un autel angélique

Un autel favorise l'établissement d'une forte connexion avec les royaumes célestes. C'est un point focal tangible, un portail vers la sérénité, un lieu où on peut apaiser son mental et ouvrir son cœur aux anges. L'autel deviendra rapidement un espace sacré personnel, un sanctuaire pour l'âme riche en énergie harmonieuse, un lieu où on peut aller tous les jours en quête de renouvellement.

L'installation d'un autel angélique offre un ancrage précieux à la transformation spirituelle, une occasion d'explorer sa créativité, de s'exprimer émotionnellement, artistiquement et spirituellement. Les anges sont attirés vers des endroits de joie, d'harmonie, d'amour et de paix.

Les objets ornant l'autel sont inspirés par les anges pendant la méditation et ont une signification particulière pour la personne concernée. Ils permettent de prêter plus d'attention aux problèmes de l'aspect de vie qu'on cherche à harmoniser à un moment donné.

Une fois une routine quotidienne établie pour s'occuper de son autel – le nettoyer, le purifier, le réorganiser, changer certains objets sacrés ou allumer les bougies – il deviendra plus facile de réserver du temps à la réflexion méditative et à la prière.

Se laisser guider par les anges. Il est intéressant de méditer sur les objets à disposer sur son autel en se laissant guider par les anges. La manière dont l'autel affecte l'être intérieur est ce qui importe le plus. On se sent centré, aimé et ouvert aux vertus angéliques d'amour, de beauté, d'harmonie et de paix.

Si certains objets posés sur l'autel perturbent ou inspirent moins, on peut les

remplacer. Les cristaux, les objets d'art angélique, les photographies des personnes aimées, les coquillages, les clochettes, l'encens, les bougies, les fleurs, les huiles essentielles, les icônes religieuses, les cartes angéliques, les cartes d'affirmation, les carillons éoliens, les plumes, un petit bloc-notes et un crayon sont à essayer.

Une représentation de tout ce qu'on désire faire entrer dans sa vie, amour, sagesse spirituelle, compassion, paix ou abondance convient aussi sur l'autel. Il ne faut jamais laisser sans surveillance des bougies allumées. La pièce doit être bien ventilée, car les bougies consument l'oxygène – on évite ainsi les maux de tête.

Un autel offre un bon point focal pour la méditation, la contemplation et les aspects sacrés de la vie qu'on désire développer.

Utiliser les cartes des anges

Les cartes des anges sont une excellente façon de communiquer avec ceux-ci. À l'origine, elles ont été conçues pour encourager la créativité individuelle et améliorer l'interaction du couple. Les cartes des anges offrent des mots-clés positifs favorisant la concentration sur un aspect particulier de la vie intérieure.

Pour intensifier l'expérience de communication avec les anges, il s'avère toutefois plus efficace de concevoir ses propres cartes. C'est facile et cela n'exige pas de talent artistique. Il suffit d'un crayon et d'une carte, de préférence blanche d'un côté et colorée de l'autre.

Quelques petits autocollants d'anges consacreront la carte. L'attribut positif qu'on désire faire venir dans sa vie (*mot-clé*) sera marqué sur le côté blanc de la carte.

Il n'y a pas de liste précise de qualités associées aux anges, si bien qu'on peut concevoir autant de cartes qu'on en a envie. Au fur et à mesure que sa compréhension se développe, on peut en créer d'autres.

Comment choisir une carte angélique

- Chaque matin on passe un moment à se concentrer sur le jour à venir pour voir quelle carte angélique attire l'attention. On garde cette carte avec soi ou on la place là où elle sera nettement visible tout au long de la journée.

- On choisit une carte juste avant d'aller dormir, on la glisse sous son oreiller et on laisse les anges inspirer ses rêves.

- On choisit une carte avant de commencer tout projet, entreprise ou cycle, pour son anniversaire ou sa fête.

- À la Nouvelle année, on choisit 12 cartes pour l'année à venir – une pour chaque mois – et on marque chacune sur le calendrier.

- On choisit une carte angélique pour un ami qui a besoin d'aide, on se concentre sur son problème – guérison, entretien d'embauche, examen – et on l'entoure de l'attribut angélique de la carte.

Placez une carte angélique sous votre oreiller pour inviter les anges à inspirer vos rêves.

Mots-clés pour commencer

Abondance • Acceptation • Amitié • Amour • Beauté • Bénédiction Bonheur • Compassion • Confiance • Courage • Créativité • Croyance Délice • Empathie • Engagement • Enthousiasme • Équilibre • Espoir Foi • Générosité • Guérison • Harmonie • Honnêteté • Humour Inspiration • Joie • Liberté • Paix • Pardon • Patience • Purification Sagesse • Sensibilité • Simplicité • Vérité

Les anges dans la vie quotidienne

La première règle du travail avec les anges est de comprendre qu'ils sont là pour aider dans tous les domaines de la vie. Toutefois, l'aide angélique ne peut jamais être utilisée abusivement. Si on veut se servir de l'énergie angélique pour des raisons égoïstes ou si on utilise les anges pour soutenir son ego, rien ne se passera. Chaque aspect de la vie quotidienne est régi par des anges particuliers.

Anges d'amour. Ces anges dirigés par l'Archange Chamuel (voir page 246) rendent la vie quotidienne plus harmonieuse. Aucune tâche n'est trop infime ou trop énorme pour ces anges, qui seront là lors de toute situation exigeant une communication sincère.

Anges de guérison. En tant que principal ange de guérison, l'Archange Raphaël (voir page 240) guide tous les guérisseurs, qu'ils pratiquent la médecine classique ou complémentaire. On invoque son assistance pour guider la main des médecins, des chirurgiens, des théra-

Demandez aux anges de faire partie de tous vos efforts créatifs dans la cuisine.

peutes. On invoque sa présence dans les hôpitaux et les cliniques. On invoque son intervention pour résoudre les conflits entre les nations, sur les champs de bataille et dans les zones de désastres naturels. On invoque sa lumière pour guider les chercheurs en quête de nouveaux remèdes.

Anges du voyage. Ces anges, dirigés par l'Archange Michaël (voir page 250), offrent protection contre les dangers physiques. Lorsqu'on voyage, on visualise l'Archange Michaël à ses côtés.

Ange du parking. En partant de chez soi, on demande à cet ange d'aider à trouver une place de parking en toute sécurité.

Ange de la cuisine. Comme on demande aux anges leur assistance dans toutes ses tentatives créatives, on les retrouve parfois dans les endroits les plus inattendus. On demande à l'ange Isda de bénir les aliments en les rendant nourrissants et délicieux.

Ange des objets perdus. Il est stressant de perdre ses clés, ses bijoux ou des documents importants. Il faut demander immédiatement l'aide de l'ange Rochel pour retrouver l'objet perdu.

Demandez à l'Archange Raphaël, l'un des principaux anges de guérison, de vous guider dans votre travail curatif.

Anges des examens. L'Archange Jophiel (voir page 108) et les anges d'illumination aident à étudier, à passer les examens, à appréhender de nouveaux savoir-faire, à trouver la sagesse entretenant la créativité.

Journal angélique

Si on n'en prend pas note, l'expérience personnelle et la sagesse essentielle peuvent s'estomper comme un rêve. Tenir un journal angélique permet de noter de manière efficace le déroulement du voyage angélique magique entreprise. Il deviendra ainsi une force tangible attirant encore plus d'énergie angélique dans sa vie.

Un beau bloc-notes, qu'on gardera précieusement toute sa vie fera l'affaire, orné éventuellement d'images d'anges pour se l'approprier réellement.

Écrire un journal angélique des rêves ouvre le subconscient à l'inspiration angélique. Notez les rêves, les pensées, les visions et les méditations.

Ce journal angélique servira plusieurs objectifs : noter les messages affectueux ou inspirants, les poèmes ou des dictons, garder des images d'anges, de personnes aimées ou de gens qu'on trouve inspirants, consigner ses rêves, ses visions et ses méditations.

Il n'est pas toujours facile de trouver le temps d'y inscrire chaque expérience de méditation. Les rencontres angéliques faites lors de la méditation, bien qu'inspirantes, peuvent s'avérer désorientantes. Après chaque méditation, on doit s'accorder du temps pour assimiler ses expériences. On note ses expériences, si fragmentaires, vagues ou nébuleuses puissent-elles paraître. L'expérience mobilise tous les sens.

Les étapes suivantes contribueront à l'intégration des impressions :

1 Penser à son expérience intègre celle-ci dans le corps mental – le chakra du plexus solaire (voir pages 102 et 103).

2 Transformer son expérience en images l'intègre dans le corps émotionnel – le chakra du cœur (voir pages 102 et 103).

3 Parler de son expérience avec autrui l'ancre dans le corps physique via le chakra de la gorge (voir pages 102 et 103).

4 Noter son expérience pour de futures références (y compris en esquissant des images) l'enracine dans le chakra sacré (voir pages 102 et 103).

Chaque étape prend du temps et fait avancer par rapport à l'expérience actuelle. Si elle n'est pas ancrée dans le monde physique, la clairvoyance devient en grande partie illusion. En notant les expériences, on les fixe dans le présent.

On n'a pas à s'inquiéter si au premier abord l'expérience n'est pas comprise. Des informations additionnelles apparaissent souvent lors des méditations suivantes. Certaines expériences n'ont pas de sens pendant des semaines, des mois ou même des années, si bien que le journal s'avère un moyen particulier de trouver la compréhension.

Livre de gratitude angélique

Apprécier ce qu'on a est un moyen infaillible d'élever son taux vibratoire (voir pages 18 et 19). Envoie-t-on une énergie positive que les autres trouvent charismatique et réjouissante ou se plaint-on de tout et de n'importe quoi, ce qui fait fuir les gens ?

Les pensées, les émotions et les mots positifs fortifient le champ énergétique, accroissent les vibrations et attirent la lumière angélique. Les pensées, les émotions et les mots négatifs affaiblissent le champ énergétique, tandis que le rappel des évènements traumatiques rend les émotions accablantes et déchire l'aura (voir pages 230 et 231), ce qui attire une énergie parasitaire.

Beaucoup de personnes qui travaillent avec le monde angélique gardent un journal quotidien des choses positives qui leur arrivent – un livre de gratitude. Un simple bloc-notes orné de belles images angéliques suffit pour s'en fabriquer un.

On peut y noter toutes les choses pour lesquelles on est reconnaissant dans la vie – famille, amis, proches, moments de joie, un beau coucher de soleil, le parfum des fleurs, la louange d'un ami.

La gratitude attire une énergie positive dans votre vie et fortifie votre champ énergétique.

Talents angéliques

Les anges offrent aux hommes des dons magiques. Ils ont inspiré des compositeurs, des poètes, des peintres, des écrivains, des enseignants, des guérisseurs. La seule chose que les récipiendaires de ces “dons” ont en commun est la conscience qu'ils ont de la source céleste de leurs talents.

Il y a de nombreux exemples de musiciens inspirés par les anges, qui ont entendu la musique céleste et ont capturé les sons susceptibles d'être joués sur des instruments humains et entonnés par des voix humaines.

Cædmon, talentueux poète religieux anglo-saxon, mort vers l'an 670 ou 680, était un humble travailleur dans les champs de l'abbaye de Whitby lorsqu'il a été inspiré en rêve non seulement de chanter un hymne qu'il n'avait jamais entendu auparavant, mais aussi de s'en rappeler le moindre détail.

Demandez aux anges de vous aider à développer de nouveaux talents et de diriger la pratique quotidienne de ceux déjà présents.

Joseph Haydn (1732-1809) s'appuyait sur les anges pour son inspiration. Il affirmait que son grand oratorio *La Création* venait du ciel. Le célèbre *Messie* de Georg Frederick Haendel (1685-1759), composé en 24 jours, pendant lesquels le compositeur avait à peine dormi ou mangé, était dû à une vision de Dieu.

Temples de lumière

Les rêves sont un excellent moyen de travailler avec les anges. Pendant le sommeil, l'esprit voyage dans les domaines astraux supérieur ou inférieur. Si des cauchemars surviennent, l'esprit erre dans les régions astrales inférieures. Les pensées, les paroles et les actions engendrent le plan de conscience. En se concentrant sur les vertus humaines, on arrive à élever le taux vibratoire (voir pages 18 et 19), ce qui bannit les cauchemars et permet de visiter les demeures spirituelles des archanges.

Chaque archange a un temple "ancré" dans le royaume éthérique (le monde physique où le corps sert de véhicule à l'âme), influencé par le réseau planétaire de la Terre (le champ énergétique subtil de la Terre, très semblable au système des lignes ley). Les temples angéliques sont normalement situés sur des vortex terrestres de "pouvoir", où se croisent de nombreuses lignes ley, sur des montagnes isolées ou de petites îles, vestiges de masses continentales englouties par les eaux. Ils peuvent aussi être situés sur des sites sacrés comme Louxor en Égypte ou Fatima au Portugal (lieu d'apparition de la Vierge à l'époque de la Première Guerre mondiale).

Les mystiques, les initiés et les "maîtres spirituels" ont utilisé ces temples depuis l'aube de la civilisation humaine. Les temples ont été établis par la "hiérarchie spirituelle" (les âmes illuminées des maîtres, saints et bodhisattvas ayant supervisé l'évolution spirituelle de l'humanité) sous la direction des archanges.

La voie spirituelle. Chacun de ces temples angéliques a un objectif, une fonction et un point focal distincts, qui aident les gens sur la voie de leur évolution – voie

Les temples angéliques sont situés sur des sites sacrés, comme le Temple de Hatchepsout en Égypte.

portant bien des noms, dont Échelle de Jacob, Échelle de Lumière, Arbre de vie, ascension à la conscience cosmique, retour au paradis.

Le point focal spirituel de chaque temple se rapporte à une "vertu cosmique" préservée par un archange. Lorsqu'une personne en quête de spiritualité visite un temple durant la méditation ou le sommeil, elle est "nourrie" et inspirée par cette vertu cosmique particulière.

Chaque "temple de lumière" a une apparence spécifique. Certains ressemblent à des temples grecs ornés de colonnes gracieuses, comme le Parthénon, d'autres ont l'air de pyramides ou d'autres encore de diverses bâtisses sacrées. Les temples de lumière sont toujours exquis. Un autel central où brûle une flamme de la couleur correspondant à un archange (voir page 160 pour la Méditation du temple angélique) est placé sur leur sol en marbre ou en cristal.

Canaliser les messages des anges

Les anges sont le pouvoir invisible de création. L'ange gardien est le premier lien avec ce monde invisible. Sa tâche est d'éduquer et de guider la personne dont il a la charge, en partant du savoir déjà acquis par d'autres moyens. L'ange gardien corrobore les informations et aide à voir les modèles inhérents et les aspects essentiels de la création de Dieu. La révélation angélique peut apparaître dans un rêve ou au moment où on s'éveille d'un rêve. Cependant, le channelling est une route plus directe vers l'inspiration angélique.

Il est important d'établir une relation amicale affectueuse avec son ange gardien, basée sur la confiance et le respect mutuel. Cette amitié aide à bâtir la conscience angélique et à s'identifier avec celle-ci. Une fois le taux vibratoire suffisamment élevé grâce à l'union avec

La connexion avec vos anges grâce au channelling accroît votre conscience spirituelle.

l'ange gardien, il sera facile de canaliser les autres êtres angéliques.

Le ton de l'ange gardien est toujours tendre et positif. Tous les anges, sans exception, respectent la dignité et le libre arbitre des gens.

Les anges ne prennent jamais un ton autoritaire ou impérieux, ni ne font de choix à la place des gens. Si le "ton" de ce qu'on canalise est moins que respectueux ou si on se sent contrôlé par une force extérieure, il faut rompre immédiatement la connexion.

Un lien direct existe toujours entre la personne et son ange gardien. Cette énergie est parfois si familière qu'on ne réalise même pas avoir déjà été guidé par elle.

CHANNELLING

IL VOUS FAUT

Crayon et papier ou ordinateur

PROCÉDURE

1 Placez le crayon et le papier à portée de main ou asseyez-vous devant l'ordinateur. Formulez vos questions par écrit.

2 Relaxez-vous et mettez-vous à l'aise. Centrez-vous, ancrez-vous et concentrez-vous.

3 Calmez votre mental, ouvrez votre cœur et appelez votre ange gardien.

4 Demandez-lui d'ouvrir un canal harmonieux pour vous.

5 Notez ce qui vous est donné (sans rien changer ou censurer).

6 Notez qu'à la fin d'une séance vous véhiculerez plus de lumière dans votre champ énergétique personnel – l'information spirituelle est toujours codée en lumière.

Deuxième partie

RÉPERTOIRE DES ANGES

DAVID
·P·

HIÉRARCHIES ANGÉLIQUES

Les sept cieux

Bien que les anges existent dans toutes les dimensions, ils sont censés demeurer dans le royaume des cieux, notion faisant partie intégrante des traditions religieuses monothéistes – islam, judaïsme et christianisme. Dieu demeure au septième ciel. Cette tradition est apparue il y a quelque 7 000 ans à Sumer. Sur une stèle sumérienne, un être ailé – un habitant des sept cieux – verse "l'eau de vie" dans la coupe du roi. La civilisation sumérienne de Mésopotamie a été la source des civilisations assyrienne, babylonienne et chaldéenne qui, à leur tour, ont influencé toutes les religions du Moyen-Orient, ainsi que l'angélologie.

Le royaume des cieux est un monde spirituel. On trouve dans l'Ancien Testament bon nombre de termes le désignant.

Voici la hiérarchie des cieux.

Le premier ciel. Appelé *chamaïm*, "ciel", dans l'Ancien Testament, il est aussi désigné par le terme *vilon* ("voile" en hébreu). Ce ciel le plus bas est associé aux anges planétaires et aux anges régissant les étoiles et les phénomènes naturels tels que l'atmosphère, le vent et l'eau. Le premier ciel gouverné par l'Archange Gabriel est censé être le paradis où demeuraient Adam et Ève et où poussaient l'Arbre de la vie et l'Arbre de la connaissance.

Le second ciel. Considéré par certains comme l'endroit où sont réunis les pécheurs en attente du Jugement dernier, le second ciel est appelé *raqia* ("firmament", Genèse 1:6, 1:14, 1:17). Les anges du zodiaque régissent cette sphère et les anges déchus y sont emprisonnés. Dans la tradition musulmane, ce ciel est la

Lors du baptême de Jésus, il a vu les cieux s'ouvrir et le Saint-Esprit descendre sur lui.

demeure de Jean-Baptiste. Il est régi par les Archanges Raphaël et Zachariel.

Le troisième ciel. *Chehaqim* (les "cieux", Psaumes 18:11), est un ciel étrange, qui abrite l'enfer dans sa région nordique. Un fleuve de flammes traverse ce territoire gelé et c'est là que les anges punissent les malfaisants. L'ange Anahel gouverne ce domaine, aidé par Jagniel, Rabacyle et Dalquiel, les trois *sarim* ("princes" en hébreu), chœur angélique. Dans la moitié sud de ce ciel se trouve le paradis, jardin

céleste au portail d'or (les célèbres "portes lumineuses") que franchissent à leur mort toutes les âmes parfaites. Deux fleuves le traversent : le fleuve de lait et de miel et le fleuve d'huile et de vin.

Le quatrième ciel. *Zevoul* ("séjour", Isaïe 63:15) est régi par l'Archange Michaël. C'est l'emplacement de la "Jérusalem céleste" – l'Autel et le Temple de Dieu. La "Cité du Christ" de la vision apocalyptique de saint Paul est une ville d'or ceinte de 13 murs, percés de 12 portes extrêmement belles. Quatre fleuves coulent autour de la ville – de miel, de lait, de vin et d'huile.

Le cinquième ciel. *Ma'on* ("demeure", Deutéronome 26:15), régi par l'Archange Sandalphon, est l'endroit où des chœurs immenses d'anges chantent les louanges à Dieu la nuit et les élus de Dieu louent celui-ci le jour. Certains anges déchus sont détenus ici.

Les anges affirment leur présence à travers la beauté manifestée de la lumière.

Le sixième ciel. *Macon* ("fondement", Psaumes 89:14, 97:2), régi par Zachiel, est l'endroit où sont gardées les archives akashiques. Ces archives enregistrent tout ce qui se passe sur Terre, y compris les actions de chaque individu qui y a jamais vécu, ainsi que sa punition ou sa récompense (karma).

Le septième ciel. *Aravot* ("hauteurs célestes", Psaumes 68:5) est régi par Cassiel, l'ange de la solitude et des larmes, qui gouverne par ailleurs Saturne. C'est la demeure de Dieu, le Trône et le Saint des Saints. Les chœurs les plus élevés d'anges, les séraphins, les chérubins et les trônes, demeurent ici, de même que les esprits bénissant les âmes attendant de naître.

Les neuf ordres d'êtres angéliques

Le royaume des cieux comporte, selon les sources, plusieurs chœurs (ordres) d'êtres angéliques. L'Ancien Testament parle de princes – fils de Dieu, saints –, anges, archanges, séraphins et chérubins. Saint Paul distingue parmi les anges les trônes, les souverainetés, les autorités, les puissances et les pouvoirs, alors que le pape Grégoire le Grand (*v.*540-604) énumère neuf chœurs célestes inspirés par *La Hiérarchie céleste* – les cinq de la liste de saint Paul, plus les anges, les archanges, les chérubins et les séraphins.

Pseudo-Denys l'Aréopagite (voir page 13), les avait déjà décrits au Ve siècle. Il avait divisé la cour céleste en neuf chœurs, répartis entre trois hiérarchies superposées. La première, la plus proche de Dieu, comprend les séraphins, les chérubins et les trônes. La seconde inclut les dominations, les vertus et les puissances. La troisième, la plus proche des hommes, englobe les principautés, les archanges et les anges. La *Hiérarchie céleste* du Pseudo-Denys, avec ses trois chœurs de trois, s'inspirait du philosophe néoplatonicien Plotin (*v.*205-270).

Le judaïsme biblique connaissait les chérubins et les séraphins. Les Pharisiens (actifs entre 536 AV. J.-C. et 70), sur la pensée desquels sont basés les courants dominants du judaïsme traditionnel, croyaient aux anges, tout comme les célèbres philosophes grecs Aristote et Socrate. Aristote les appelait intelligences, Socrate avait son *daimôn*, esprit gardien qui le guidait.

Le grand philosophe et théologien catholique Thomas d'Aquin (1255-1274) s'est servi de *La Hiérarchie céleste* (voir page ci-contre) lorsqu'il a rédigé sa *Somme théologique* où il parle de Dieu, de la

création, des anges et de la nature humaine. Pour Thomas d'Aquin, les anges étaient des purs esprits créés par Dieu pour soutenir l'univers.

Selon lui, si on ignorait les anges, le tissu de l'univers était perturbé. Il pensait aussi que chaque individu avait un ange gardien, appartenant au neuvième chœur angélique.

Cette fresque italienne du XIVe siècle, Le Concert des Anges, *ornant l'église Santa Maria delle Grazie de Saronno, est une merveilleuse représentation d'un chœur céleste.*

Première sphère

La première sphère englobe les trois ordres supérieurs d'anges, les plus proches de Dieu, les séraphins, les chérubins et les trônes.

Les séraphins. Ordre angélique le plus élevé selon le judaïsme, idée reprise par la hiérarchie de Denys (voir page 52). Le terme séraphin, signifiant "éclatant" vient de la racine hébraïque *saraph* ("brûler"). Ce sont des esprits de feu et d'amour, des esprits de lumière "divine". Les séraphins ont le pouvoir de purifier par l'éclair et la flamme – ils gardent la lumière dévoilée de Dieu. Après Dieu, ils sont les êtres les plus riches en lumière de la création. Dotés de six ailes, les séraphins entourent le trône de Dieu et psalmodient continuellement le *Trisagion*, hymne de louange pouvant être traduit par "Saint, Saint, Saint".

Gouvernés par : l'Archange Séraphiel, appelé parfois "Prince de la Paix" et par l'Archange Métatron qui préside sur la sefirah Kèter (couronne) de l'Arbre de vie kabbaliste (voir page 76). Parmi eux, on compte aussi Jehoel, Michaël et Lucifer avant sa disgrâce.

Les chérubins. Les chérubins sont les plus proches de Dieu après les séraphins. Le concept de chérubins est d'origine assyrienne ou akkadienne : le mot akkadien *karibu* signifie "personne qui prie" ou "personne qui intercède". Ils apparaissent dans l'art et les textes assyriens, chaldéens et babyloniens, les territoires mésopotamiens où les prophètes Isaïe et Ézékiel ont pu les rencontrer. Il est vraisemblable que cette influence ait pu teinter les histoires de chérubins de l'Ancien Testament, dont la Genèse.

Ce séraphin à six ailes en mosaïque décore la Coupole de la Genèse de la grande basilique vénitienne de San Marco.

Les chérubins gardent l'énergie du Soleil, de la Lune et des étoiles. Tout-puissants, ce ne sont pas les petits êtres joufflus de l'art de la Renaissance, mais des êtres cosmiques.

Gouvernés par : Zophiel, Ophaniel, Rikhiel, Cherubiel, Raphaël et Gabriel.

Les trônes. Les trônes sont toujours dans la présence de Dieu. Dans l'Ancien Testament, Ézékiel les décrit comme un tourbillon, une grande nuée de feu, leurs ailes jointes l'une à l'autre comme de grandes roues ardentes aux innombrables yeux. Ils sont les roues de la Merkavah, le char trône de Dieu. Ils véhiculent l'énergie de Dieu sous la forme de la justice divine – ils font connaître la volonté de Dieu aux anges de bonté. La Vierge Marie est censée être un trône.

Gouvernés par : Tzaphkiel, Zabkiel, Raziel, Jophiel et Oriphiel.

Deuxième sphère

Cette seconde sphère englobe les trois ordres suivants d'anges – les dominations, les vertus et les puissances.

Les dominations. Cet ordre angélique supervise les hiérarchies angéliques inférieures et canalise l'amour de Dieu à travers l'énergie de la compassion, brandissant le pouvoir sans pour autant opprimer. Les dominations manifestent la majesté de Dieu et régissent le plan où les mondes spirituel et physique commencent à s'amalgamer. Leurs emblèmes d'autorité sont un sceptre ou un orbe porté dans la main gauche et un bâton d'or tenu dans la main droite.

Gouvernées par : Zadkiel, Muriel, Yahariel et Hashmal.

Les vertus. Les vertus peuvent suspendre les lois de la nature pour accomplir des miracles sur la Terre. Cet ordre offre grâce et valeur aux mortels ayant besoin d'inspiration et de courage. Parfois, les vertus sont tenues pour inspirer les saints. Jésus était accompagné par deux vertus lorsqu'il a fait son ascension. En voyant Jésus s'élever, les vertus l'ont entouré pour former son cortège. Les vertus ont été aussi les sages-femmes d'Ève lors de la naissance de Caïn.

Gouvernées par : Uriel, Cassiel et Gabriel.

Les puissances. Les puissances, "seigneurs karmiques" qui protègent les âmes et conservent les archives akashiques (voir pages 260 et 261), ont la tâche de garder sous contrôle les démons, les empêchant ainsi de submerger définitivement le monde. Les puissances

sont souvent tenues pour les anges de la mort et de la renaissance qui gardent les chemins du ciel et guident les âmes perdues, les remettant sur la bonne voie. **Gouvernés par :** Chamuel, Samael, Camael, Ertosi et Verchiel.

L'inspiration divine accordée par la Lumière de Dieu a été pendant des siècles un thème commun des peintres. Nous disposons ainsi d'images d'anges.

Troisième sphère

La troisième sphère englobe les trois derniers chœurs – les principautés, les archanges et les anges (y compris les anges gardiens).

Les principautés. Les principautés sont les gardiens des nations et surveillent les pays, les villes, les villages et les sites sacrés. Elles supervisent le travail des anges inférieurs. L'Archange Michaël est censé être la principauté d'Israël, mais d'autres pays comme l'Espagne l'ont aussi pour gardien. Les principautés guident aussi les religions et les leaders religieux sur la voie de la vérité. Elles travaillent avec les anges gardiens pour inspirer les hommes.
Gouvernées par : Haniel, Anael, Cerviel et Requel.

Les archanges. Dans le Nouveau Testament, le terme "archange" n'apparaît que deux fois : dans la Première Épître aux Thessaloniciens et dans l'Épître de Jude. Dans son Apocalypse (8:2), Jean se réfère aux "sept anges qui se tiennent devant Dieu", phrase traditionnellement interprétée comme signifiant les sept archanges. Le Livre d'Hénoch désigne ces sept archanges comme étant Uriel, Raguel, Gabriel, Michaël, Seraqael, Haniel et Raphaël. D'autres listes donnent des variantes différentes.

Hénoch a vu les sept anges se tenant devant le trône de Dieu comme identiques, avec la même taille, visage éclatant et robe. Ils étaient sept et pourtant un seul (ils représentaient les innombrables autres anges). Ils contrôlaient et harmonisaient toute la création de Dieu, le mouvement des étoiles, des saisons et des eaux de la terre, ainsi que de la vie végétale et animale.

Version du XVIe siècle de l'Archange Gabriel à l'Annonciation à la Vierge Marie. Gabriel est souvent représenté portant un lys (symbole de pureté).

Les archanges gardent aussi les archives de toutes les incarnations de chaque être humain.

Saint Jean a vu sept torches (archanges) devant le trône de Dieu brûlant comme une seule. Les sept torches sont représentées par le candélabre à sept branches (la menorah de la tradition juive) – sept lampes émettant la même lumière, la lumière de Dieu. La présence septuple ancienne a été adoptée par le christianisme, qui a remplacé la lumière centrale par une croix, encadrée de trois cierges.

Les archanges opèrent en même temps sur plusieurs plans différents, car étant des messagers portant les décrets divins ils annoncent la volonté de Dieu. Il est dangereux de les ignorer.

Les anges. Il y a des millions d'anges, favorisant toutes sortes de tâches. Ils gardent toutes les choses physiques, ainsi que les gens. L'ensemble de la création est surveillé par un ange. Les anges confèrent harmonie cosmique et beauté à la vie. Parmi eux, on trouve des anges d'amour, de joie, de courage, de paix, d'espoir, de foi, de liberté, d'harmonie.

Anges gardiens

La tâche de l'ange gardien est de protéger, de guider et de soutenir les hommes contre les forces du mal. Bien que ces anges soient les plus bas placés des pouvoirs célestes, ils sont rattachés aux immenses anges "planétaires". L'ange gardien est le premier chemin vers Dieu.

Chaque individu a son ange gardien qui ne le quitte jamais. Cet ange gardien lui est attribué lors de la première incarnation et le suivra à travers toutes les incarnations, évoluant en même temps que lui, dans un destin commun.

La tâche d'un ange gardien est de canaliser autant de lumière angélique que possible vers l'individu pour l'inciter à suivre les voies de la droiture et le soutenir contre les forces de la négativité. Ils réconfortent aux moments de besoin et accompagnent dans la vie. Pour certains chrétiens, tous les gens sont nés avec un ange gardien. Si la personne est baptisée, la tâche de l'ange gardien est de la conduire à Dieu en priant sans cesse pour l'illumination de son âme – il est parfois appelé "ange de prière".

Chez la plupart des gens, le premier contact conscient avec les mondes angéliques s'établit à travers leur ange gardien. Cette expérience initiale est souvent tangible à des moments de grand danger spirituel ou physique, à des époques de chagrin, de désespoir, de maladie ou d'inspiration joyeuse.

L'ange gardien ne peut jamais passer outre le libre arbitre de quelqu'un ni intervenir si quelqu'un choisit d'ignorer l'assistance offerte. Le libre arbitre est un don sacré, qui permet d'opter moment après moment si on accorde sa conscience avec le bien ou le mal. Certains pensent que leur ange gardien est en fait leur moi

Ce tableau du XVIIe siècle, Hagar et Ismaël sauvés par l'ange, *montre ces deux personnages guidés vers l'eau par un ange envoyé par Dieu.*

supérieur ou leur nature de Bouddha, l'étincelle divine de tout un chacun.

Anges de direction. Tout individu a un ange de direction qui travaille avec lui ainsi qu'avec son ange gardien. Cet ange de direction change à mesure de l'évolution spirituelle ou du besoin d'apprendre d'autres leçons spirituelles. Certaines personnes sont guidées par plusieurs anges de direction.

Royaume élémental

Les enfants des anges sont les esprits magiques de la nature qui génèrent l'abondance et l'équilibre sur Terre lorsqu'ils sont honorés et respectés. Ils apparaissent souvent sous forme de lumières colorées ou des brumes tourbillonnantes. Ces esprits aident à comprendre les rythmes de la nature et la

Les esprits des arbres connectent avec le réseau multidimensionnel de la vie, où vivent toutes les choses animées.

place qu'on occupe dans le monde. Les élémentaux travaillent en étroite collaboration avec les anges des sites sacrés pour aider les individus à comprendre ce que leurs ancêtres savaient d'instinct – l'importance des corrélations entre les phases de la Lune, les marées et les saisons.

La planète Terre est un être vivant qui évolue à travers la vie des créatures qu'elle nourrit. Dès le départ, les anges planétaires, les devas et les autres esprits de la nature ont aidé la Terre au cours de toutes les étapes de sa croissance.

Les fées. Les fées, les elfes, les gnomes et les gobelins sont des esprits terrestres régissant les fleurs, les plantes, les arbres, le sol, le sable et les cristaux. La terre est le plus statique des quatre éléments. Les esprits terrestres enseignent comment se nourrir et vivre dans l'abondance en tant que cocréateurs de l'équilibre et de l'harmonie, en assumant la responsabilité de l'ensemble de la vie planétaire. En se concentrant sur la forte énergie environnante, on fait entrer la stabilité et l'abondance dans tous les domaines de la vie. Les esprits des arbres et des plantes ont le pouvoir de guérir tous les maux. Il suffit de trouver un arbre donnant une impression d'harmonie et de bon accueil et de demander à travailler avec l'essence de son esprit.

Les sirènes. Les ondines et les sirènes sont des esprits régissant l'eau et s'occupant des créatures demeurant dans le monde aquatique. Ils enseignent à purifier et à équilibrer ses émotions, à prendre la voie de la résistance minime. Capable de prendre n'importe quelle forme, l'eau est parfois difficile à contenir. Les esprits aquatiques ont beaucoup à enseigner sur la manière de s'adapter sans perdre sa réceptivité.

Le milieu aquatique véhicule les informations des zones traversées. L'eau renferme nombre de messages cachés. Dans les années à venir, elle deviendra de plus en plus vitale pour l'humanité.

Les salamandres. Les salamandres sont des esprits du feu gardant les secrets de l'énergie transformatrice ardente. Elles se regroupent autour des volcans. Les esprits du feu confèrent l'énergie dynamique de la

Les esprits du feu transformateur allument notre feu divin pour éveiller notre esprit.

force vitale, l'étincelle de feu divin demeurant dans tout un chacun. Cette force convie tous les jours vers la lumière et éveille de l'assoupissement. Le feu purifie, brûle et détruit l'ancien pour que le nouveau puisse émerger. Le feu créatif enseigne la fermeté d'âme spirituelle. L'éclair, le feu suprême, apporte une croissance spirituelle et une illumination de l'âme sans précédent.

Les sylphes. Esprits de l'air, les sylphes conduisent les prières jusqu'aux anges. Léger, l'air est aussi invisible et n'est discernable que par les effets qu'il crée. La plupart des formes de vie ont besoin d'air pour vivre. Le travail avec les sylphes accroît la prouesse mentale, l'intuition, la communication, l'imagination créative et l'inspiration. Les oiseaux, créatures aériennes, réjouissent le cœur par leur gazouillement – ils chantent les beautés cachées de la création.

Les devas. Plus évolués que les élémentaux, les devas travaillent souvent avec les humains, surtout comme gardiens des sites et des bouquets d'arbres sacrés. Ils

Créature de l'air, l'aigle magnifique est le symbole de la nouvelle époque d'illumination.

demeurent aussi dans les beaux cristaux de quartz clair. Si on a la chance de trouver un cristal temple devique, celui-ci devient une formidable source d'informations, car sa signature vibratoire permet d'accéder aux données unissant le Ciel et la Terre. Ce genre de cristal enseigne à élever outre sa fréquence, celle des autres et de la Terre. Les devas des cristaux de quartz enseignent la guérison, personnelle et planétaire.

Anges d'Hénoch

Certains textes extracanoniques sont riches en traditions angéliques : les trois Livres d'Hénoch (voir page 12), attribués à l'arrière-grand-père de Noé. Le Livre d'Hénoch éthiopien ou I Hénoch a été préservé en entier uniquement en langue éthiopienne, Le Livre des Secrets d'Hénoch ou II Hénoch seulement en vieux slave et le Livre hébreu d'Hénoch ou III Hénoch en araméen. Le Livre hébreu d'Hénoch comprend : "La chute des anges et l'assomption d'Hénoch", le "Livre des Paraboles", le "Livre du changement des luminaires du ciel", le "Livre des songes" et le "Livre d'exhortation et de la malédiction". Les trois Livres d'Hénoch ont été rédigés entre 200 AV. J.-C. et 100 par divers auteurs, aux points de vue religieux différents. Bien qu'omis de la Bible, ces textes ont été largement cités au fil des siècles par les autorités ecclésiastiques.

Hénoch est un personnage important dans les traditions angéliques judaïque et chrétienne. Ses descriptions vives et détaillées du Ciel et sa théologie angélique complexe ont inspiré les auteurs plus tardifs – la vision de saint Jean dans son Apocalypse en est un exemple.

Le texte mystique d'Hénoch s'ouvre sur une vision onirique où on lui demande d'intercéder auprès de Dieu au nom des anges déchus – anges ayant quitté leur demeure céleste. Hénoch donne la liste de tous les "anges déchus" par nom et rôle dans la "chute".

Il voit des chérubins ardents (I Hénoch 17) "pareils à un feu flamboyant et reprenant à leur gré une apparence humaine". On lui montre les emplacements des luminaires et il est conduit par l'Archange Michaël au plus haut ciel, où il aperçoit les mécanismes de l'univers et

l'ensemble de la création. Ailleurs, Hénoch décrit le lieu de la punition finale des anges déchus. On connaît des fragments d'autres voyages d'Hénoch avec les anges, à "l'Arbre de la connaissance" et au "Jardin de la droiture".

Dans I Hénoch 70, "L'Assomption d'Hénoch", on voit celui-ci transfiguré en Archange Métatron, dont le nom signifie "celui qui partage le trône", l'ange le plus important des textes sur la Merkavah.

Hénoch a été transformé en l'Archange Métatron à travers la purification du feu de Dieu, devenant ainsi le plus important archange.

LES ANGES ET LA KABBALE

Histoire de la Kabbale

Le terme “kabbale” désigne traditionnellement les doctrines mystiques du judaïsme. Selon les kabbalistes, avant de créer le monde actuel Dieu a enseigné la Kabbale aux anges, ce qu'en fait l'une des plus riches sources de tradition angélique. Adam a été le premier homme à recevoir cette révélation primordiale, qui lui a été donnée sous la forme d'un livre par l'Archange Raziel lors de l'expulsion du Jardin d'Éden.

Les enseignements de la Kabbale étaient censés permettre à Adam et à Ève – ou du moins à leurs descendants – de revenir au paradis (de l'hébreu *pardès*, “verger”). On affirme donc que le Livre de Raziel, *Séfer Raziel,* était le premier livre jamais écrit, un compendium détaillé de tradition magique.

Le terme *qabbalah*, “tradition”, vient de l'hébreu signifiant “réception”, d'où “réception du savoir sacré”. La Kabbale, transmise traditionnellement sous forme orale, est un corpus d'enseignements dont les principaux textes sont le *Zohar,* le “Livre de la Splendeur”, et le *Séfer Yetsirah,* le “Livre de la Création”. La légende attribue ce dernier à Melchisédech, prêtre-roi de Salem (plus tard Jérusalem).

Pendant des siècles, la Kabbale a permis aux mystiques de faire l'expérience des différents aspects de la création. Pour eux, c'était une voie, une carte, une route aidant à atteindre Dieu (soit par l'expérience personnelle directe, soit par la révélation spirituelle). Les mystiques kabbalistes comprenaient que la vision était la manifestation de la réalité cosmique essentielle qui étaye les divers éléments symbolisant la structure de l'existence telle qu'elle a été créée. L'énergie divine descend d'en-haut et

donne naissance aux dix sefirot. L'"Arbre de vie", popularisé au Moyen Âge, est une image de la création reprise par d'autres cultures.

La structure de l'existence telle qu'elle est décrite par les kabbalistes montre les étapes logiques par lesquelles Dieu a traduit à la réalité le schéma divin original.

La plupart des traditions spirituelles comportent une histoire de la "création" où le pouvoir créateur d'un autre monde créé l'univers. La tradition mystique de la Kabbale est pareille : Dieu, la Présence Divine, omnipotent, indéfinissable et dépourvu de forme, a fait se manifester le monde à partir du néant. Quand Dieu a créé le monde et a donné une forme à ce qui n'en avait pas, la première idée a créé la lumière. Dieu a séparé ensuite la lumière de l'obscurité (masculin/féminin ou yin/yang) et a défini ainsi la polarité.

Des variantes de "l'Arbre de vie" en tant qu'expression cosmologique existent dans le monde entier. Celle-ci est l'œuvre de Gustav Klimt (1862-1918).

Le pouvoir créatif du son

Les 22 lettres de l'alphabet hébraïque, considérées comme sacrées, sont uniquement des consonnes. Leur vibration (signature énergétique) annonce qu'elles possèdent un pouvoir cosmique créatif latent, qui peut être activé seulement par la voix humaine prononçant les voyelles. Les kabbalistes soulignent que la prière n'est pas efficace si elle n'est pas dite à haute voix.

Le son est généré en tant que mouvement vibratoire des particules. Les vibrations produisant le son exhibent une énergie, un modèle vibratoire acoustique, qui existe dans l'ensemble de la nature, pas seulement chez l'individu et dans le monde, mais bien au-delà, dans le cosmos. Les modèles vibratoires du son renferment la clé de la compréhension des modèles d'être et d'organisation de la matière dans l'univers physique.

À échelle cosmique, le son est un pouvoir universel indécelable, capable de susciter de profonds changements sur de nombreux plans – physique, émotionnel et spirituel. Le son fait partie des énergies les plus transformatrices de la planète, à même de rétablir l'équilibre et l'harmonie de la vie. Toutefois, le son a aussi la capacité de déséquilibrer encore davantage le taux vibratoire déjà mis à rude épreuve des hommes (voir pages 18 et 19).

Les anciens savaient ce que la physique moderne admet maintenant – tout ce qui existe est en un état de vibration constante. Ils partageaient la conviction que le monde avait été créé à travers le son. Au début de l'Ancien Testament, dans la Genèse, Dieu *dit* : "Que la lumière soit !" Jean écrit dans le Nouveau Testament : "Au commencement était la Parole, et la Parole était avec Dieu, et la Parole était Dieu." Les Veda hindous font une affirmation presque identique : "Au commencement était Brahma, avec qui était la Parole. Et la Parole est Brahma." Les Égyptiens anciens pensaient que le dieu Thot avait créé le monde grâce à sa voix. Dans *Popol-Vuh,* ouvrage à caractère mythologique réunissant les traditions sacrées des Mayas, la vie est conférée aux premiers hommes grâce au seul pouvoir de la "parole". Le récit Hopi de la création affirme que tous les animaux ont été créés par la Femme araignée entonnant le Chant de la Création.

À chaque lettre de l'alphabet hébraïque correspond une valeur numérique : les trois premières, aleph, bet et gimel, ont respectivement la valeur 1, 2 et 3.

Les kabbalistes pensent qu'en calculant la valeur numérique d'un mot on définit son essence archétypale éternelle. Selon eux, deux mots ou deux phrases ayant la même valeur numérique auront aussi la même essence. La gematria (ou guématrie) est une technique visant à dévoiler la signification profonde des mots et des phrases en fonction de leur valeur numérique, pratiquée d'habitude sur les noms bibliques et les noms des anges.

א

Aleph

מ

Mem

ש

Chin

Voici les lettres "mères" de l'hébreu, correspondant aux éléments air, eau et feu. Les sons sont communs à toutes les langues.

L'Absolu

Enseignement ésotérique mystique, la Kabbale s'est exercée à élaborer les principes métaphysiques fondamentaux de la création. Les concepts de la Kabbale illustrent la nature de l'Absolu, les lois cosmiques fondamentales et les hiérarchies de la création. La Kabbale enseigne un mystère profond, qui peut être mis en rapport avec les théories modernes des évènements créationnels et l'appréhension de la nature des réalités dimensionnelles supérieures étayant toutes les choses.

Au-delà des sphères situées juste au-dessus de Kèter au sommet de l'Arbre de vie on trouve le Divin, que certains appellent "l'Esprit de Dieu", inconnaissable, parfait, pur et absolu. Rien ne peut exister sans le pouvoir de Dieu, qui est en même temps "néant" et "tout", comportant l'ensemble des possibilités.

Les kabbalistes utilisent nombre de termes et d'images pour représenter ce qui est au-delà de la compréhension humaine. Ce sont des tentatives subtiles de désigner le sens de l'incompréhensible qui préexistait lors de la création de l'univers.

L'univers est représenté comme triple par nature, comme *Èn, Èn Sof* et *Èn Sof Or* (voir illustration ci-contre).

Èn : Vide (rien ou néant absolu, inconcevable et indescriptible).

Èn Sof : Infini (sans limites, toutes les possibilités ou Dieu Immanent).

Èn Sof Or : Lumière infinie ou Lumière sans limites (troisième aspect de l'Absolu).

Il est dit que le Divin génère une série de voiles d'existence négative. Pour illustrer ces trois domaines d'existence négative, on peut représenter Èn comme incolore, Èn Sof comme complètement noir et Èn Sof Or comme blanc.

Ces trois domaines d'existence négative ou de non-être sont éternels en ce qui concerne le maintien de toutes les choses, dans toutes les dimensions (espace) et pour tous les temps. Ils sont l'univers quantique, au-delà de l'espace, du temps et de la réalité, mais responsable de ceux-ci.

Le Divin doit traverser ces étapes pour susciter la manifestation ou le point de lumière. Omnipotent et omniprésent, illimité et sans dimension, il renferme toutes les possibilités.

Une métaphore pour l'Absolu – l'Esprit de Dieu, qui est inconnaissable.

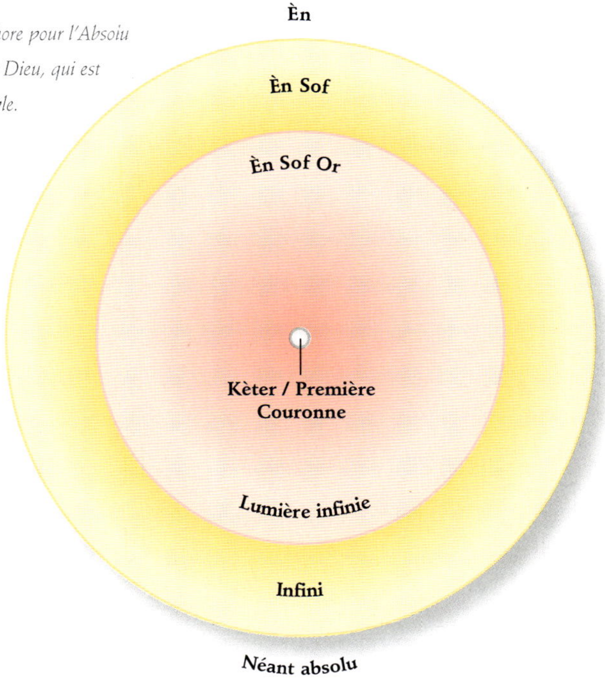

Les Archanges et les dix sefirot

L'énergie divine descend d'en-haut et donne naissance à des émanations ou à des sphères (les dix sefirot). Chaque *sefirah* (hébreu, singulier de *sefirot,* terme venant de la racine *safar,* "compter") représente une signature énergétique. L'Arbre de vie est une représentation visuelle des voies de retour depuis l'ascension à la conscience de Dieu. En montant à travers les sefirot depuis le bas (puis en revenant à la base), on revient à Dieu. L'humanité arrive à Dieu en assimilant tour à tour les significations de chaque sefirah.

L'Arbre de vie peut servir d'exemple pour une multitude de systèmes de croyances. Il permet de mettre en ordre sa

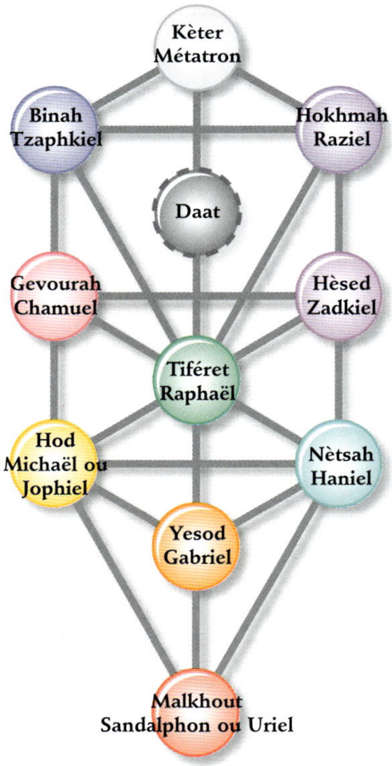

L'Arbre de vie kabbaliste est une carte magique conduisant à l'illumination ou à l'union avec Dieu.

vie selon la manière dont on voit et on comprend le monde.

Il est assez difficile de traverser les sefirot, car chaque sefirah est divisée en quatre sections correspondant aux quatre mondes. Également, les sefirot renferment le nom sacré, inconnaissable et indescriptible de Dieu, symbolisé par YHWH. Ce nom est tellement saint que d'autres désignations de Dieu lui sont substituées dans le texte, comme Élohim ou Adonaï. Les lettres YHWH correspondent aux quatre mondes.

Les sefirot et leurs archanges

Kèter (Couronne)	–	*Archange Métatron (Divin)*
Hokhmah (Sagesse)	–	*Archange Raziel (Père cosmique)*
Binah (Intelligence)	–	*Archange Tzaphkiel (Mère cosmique)*
Hèsed (Charité)	–	*Archange Zadkiel (Tzadkiel)*
Gevourah (Puissance)	–	*Archange Chamuel (Khamael)*
Tiféret (Beauté)	–	*Archange Raphaël*
Nètsah (Victoire)	–	*Archange Haniel*
Hod (Gloire, Majesté)	–	*Archange Michaël ou Archange Jophiel*
Yesod (Fondement)	–	*Archange Gabriel*
Malkhout (Royaume)	–	*Archange Sandalphon ou Archange Uriel (Auriel)*
**Daat (Savoir)*	–	*Esprit saint (Chekhinah) ou savoir*

**Certains kabbalistes considèrent Daat comme un lieu de pouvoirs mystérieux et de miracles. Daat et Kèter sont deux aspects différents de la même sefirah.*

Les trois triades

La structure de l'Arbre de vie comporte trois triades (triangles), formées par les neuf premières sefirot, la dixième constituant la base. Chaque triade englobe un principe masculin (positif), un principe féminin (négatif) (attribut du Divin) et un principe central engendrant un équilibre entre les deux premiers.

Chaque principe fonctionne selon ses caractéristiques ou sa nature. En général, les principes masculins (appelés parfois forces) sont tenus pour positifs, actifs ou dynamiques, les féminins pour passifs. Le principe central placé entre les principes masculin et féminin est censé harmoniser les contraires.

La première triade. Dans la première triade, Hokhmah (le principe masculin) est opposée à Binah (le principe féminin). Ces principes sont tenus respectivement pour le Père et la Mère. Hokhmah, appelée aussi la Sagesse active de Dieu, agit sur Binah, l'Intelligence passive de Dieu. Kèter est le principe harmonisant qui garde un équilibre entre les deux.

La seconde triade. La seconde triade (où sont représentés le père, la mère et l'enfant) est formée des sefirot Hèsed, Gevourah et Tiféret. Hèsed (masculin) est le père gentil et compatissant protégeant et guidant l'enfant, Gevourah (féminin), la mère stricte et autoritaire. Le principe équilibrant est Tiféret, souvent comparé au soleil.

Les fonctions de Tiféret (qui combine les caractéristiques de Hèsed et de Gevourah) sont fréquemment rapprochées de celles de la nature. Tiféret est en même temps le soleil chaud qui brille doucement et le soleil ardent qui tue.

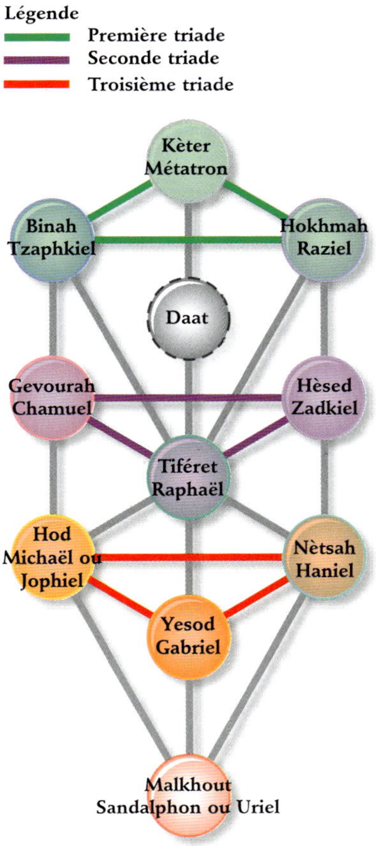

Les trois triades de la structure de l'Arbre de vie sont représentées en vert, en pourpre et en orange.

La troisième triade. La troisième triade représente le passage de l'enfance à la maturité. Ses sefirot (Nètsah, Hod et Yesod) symbolisent la bataille entre les forces dualistes de l'instinct et de l'intellect. Nètsah (masculin) représente l'endurance et la victoire de Dieu. Cette sefirah symbolise le dynamisme persistant de la nature, permettant à l'humanité d'agir naturellement au lieu d'être obligée de faire des compromis.

La sefirah Hod (féminin) englobe l'intuition, l'imagination et l'inspiration. Yesod (l'enfant) est maintenant adulte et s'érige en sefirah d'harmonisation entre Nètsah et Hod. Cette sefirah est dans la sphère de la Lune. Yesod est le pouvoir intérieur magique virtuel. Yesod est censé être le lien entre Tiféret (le Soleil) et Malkhout (la Terre). Malkhout, en tant que sefirah de la base, représente la Terre.

Les trois piliers

L'Arbre de vie renferme nombre de modèles, dont les trois piliers ou colonnes (voir illustration à droite). Le Divin descend d'en-haut en utilisant ces trois piliers en tant que structure : c'est ainsi que ce qui est dépourvu de forme en trouve une. Pour les kabbalistes, le pilier central est le chemin direct vers Dieu.

Le pilier de la Justice. La colonne de gauche est *Boaz,* le pilier de la Justice, eau, passif et féminin. Boaz est formé de Binah en haut, Gevourah au centre et Hod à la base. C'est le pilier de la forme et ses trois sefirot sont concernées par la restriction ou la limitation.

Le pilier de la Générosité. La colonne de droite est *Yakîn,* le pilier de Générosité, feu, actif et masculin. Yakîn est formé de Hokhmah au sommet, Hèsed au centre et

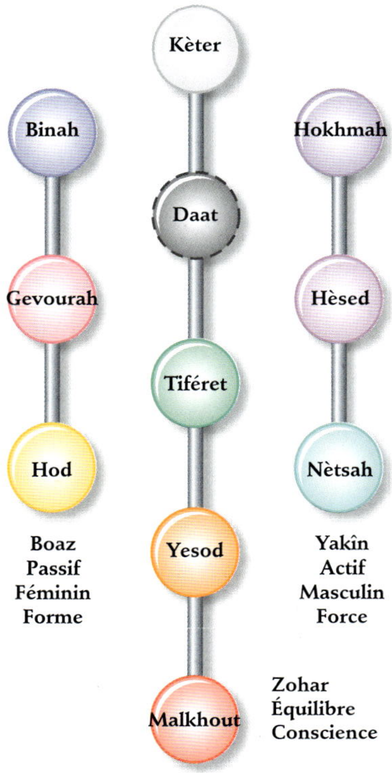

Nètsah à la base. C'est le pilier de force, dont les trois sefirot sont concernées par le mouvement et l'expansion.

Le pilier de l'Équilibre ou de la Compassion. La colonne centrale est *Zohar,* le pilier de l'Équilibre ou de la Compassion, air et pondération, formé de Kèter au sommet, Tiféret et Yesod au centre et Malkhout à la base. On l'appelle aussi pilier de la Conscience. Il englobe la non sefirah Daat (voir pages 86 et 87 pour des détails).

VISUALISATION POUR L'ÉQUILIBRE

Cette visualisation correspond à la colonne vertébrale spirituelle conférant l'équilibre. Asseyez-vous confortablement dans un lieu tranquille.

PROCÉDURE

1 Devenez conscient de votre respiration, relaxez-vous et concentrez-vous au-dessus du chakra couronne. Visualisez une sphère de lumière blanche.

2 Voyez un rayon lumineux descendre de la sphère située au-dessus de votre tête et remplir votre chakra de la gorge d'une lumière bleu lavande.

3 Voyez un rayon lumineux descendre de la sphère du chakra de la gorge au chakra du plexus solaire et le remplir de lumière dorée.

4 Voyez un rayon lumineux descendre de votre chakra sacré et le remplir de lumière violet argenté.

5 Voyez un rayon lumineux descendre à vos pieds, où il forme une sphère noire. À mesure que vous visualisez tour à tour chaque sphère de lumière, voyez le conduit de lumière les connectant.

6 Pour clore la séance, revenez à la réalité quotidienne.

Les trois parties de l'âme

Les kabbalistes pensent que l'âme est formée de trois parties, chacune originaire d'une sefirah différente. Cependant, toutes ces parties ne sont pas forcément actives chez tous les gens. Le *Zohar* appelle ces trois éléments *nèfech*, *rouah* et *nechamah*.

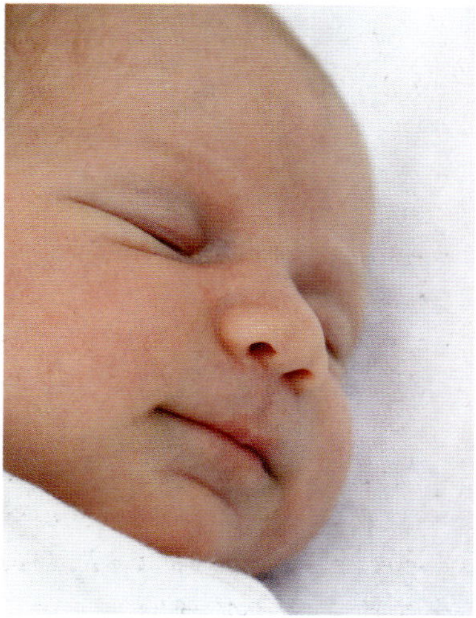

Nèfech, l'âme vitale, est présente chez tous les humains, dans le corps desquels elle entre à la naissance. C'est la source de la nature physique et psychologique. Les deux autres parties de l'âme sont générées lentement au fil du temps. Leur développement dépend des actions et des croyances de l'individu. L'esprit et l'âme supérieure sont censés exister complètement seulement chez les personnes éveillées spirituellement.

L'âme vitale vient de Malkhout et soutient le corps, lui conférant vitalité et lui permettant de participer au monde matériel. L'esprit, *rouah,* vient de Tiféret. C'est l'aspect permettant de transcender la condition humaine inférieure en déve-

À la naissance, l'âme vitale, nèfech, *entre dans le corps physique pour que l'individu puisse participer au monde matériel.*

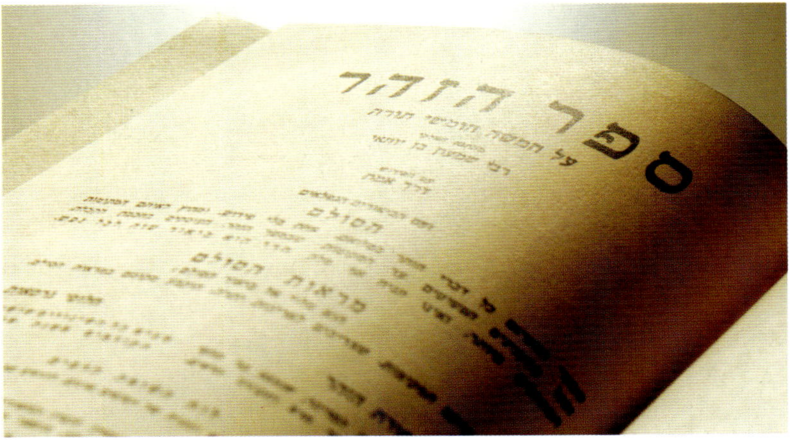

Le Zohar (Livre de la Splendeur) *est l'un des textes fondamentaux de la Kabbale.*

loppant l'intellect et la raison. Cet aspect de l'âme éveille lors de la contemplation profonde de Dieu et aide à distinguer entre les bonnes et les mauvaises actions.

L'âme supérieure, l'âme sainte, *nechamah,* est une émanation de Binah, la Mère cosmique. C'est la super-âme, le pur esprit qui ne peut jamais mourir ou être corrompu, l'aspect éternel de Dieu. Cette partie de l'âme permet d'avoir, outre une vie future, une certaine conscience de l'existence et de la Présence de Dieu.

D'autres aspects de l'âme. Un texte tardif anonyme ajouté au *Zohar,* intitulé *Raya Mehémna* (Le Berger fidèle), suggère l'existence de deux autres parties de l'âme humaine, *hayyah* et *yehidah. Hayyah* confère la conscience de la force vitale divine, *yehidah,* la partie la plus noble de l'âme, permet l'union complète avec Dieu.

Certaines œuvres kabbalistiques suggèrent l'existence possible de quelques états additionnels, impermanents, de l'âme, qui se développent à certaines occasions, dont *rouah ha kodech,* l'âme sainte, servant à la prophétie.

L'Éclair

Les sefirot sont censées avoir été formées à partir du divin grâce à un éclair. Celui-ci peut être utilisé pour la méditation ou la visualisation, en montant la voie énergétique ou en la descendant et en regardant chaque sefirah "s'illuminer". La voie énergétique concentre l'intention, car l'énergie suit toujours la pensée (intention). La concentration de l'énergie spirituelle dans chaque sefirah et sur la voie de l'illumination renforce la communication avec Dieu.

Chaque sefirah représente un état différent de conscience. En parcourant les voies les unissant, on peut voir quels changements se produisent dans la conscience.

L'Éclair est un outil kabbalistique permettant de mieux comprendre Dieu. Les kabbalistes tentent de décrire l'indescriptible en se servant d'exemples.

L'Éclair est une voie importante dont l'énergie divine (émanation) se sert pour descendre l'Arbre de vie renversé, qui s'étend du haut vers le bas.

La lumière divine va de Kèter à Malkhout en suivant le zigzag de l'éclair, de gauche à droite, puis de droite à gauche. L'énergie passe de Kèter à Hokhmah et à Binah, puis à la "non sefirah" Daat. Chargée de pouvoir cosmique, elle continue ensuite, va à Hèsed et à Gevourah, pour traverser Tiféret, Nètsah, Hod et Yesod et finir en s'enracinant dans la terre au niveau de Malkhout.

Le mouvement inverse à l'Éclair, la voie du serpent, est similaire au mouvement ascendant de l'énergie *kundalini*, le serpent lové au chakra racine. L'énergie montante part de Malkhout et traverse Yesod, Hod, Nètsah, Tiféret, Gevourah,

Hèsed, Daat, Binah et Hokhmah, pour finir à Kèter.

À mesure de la visualisation de l'Éclair et du déplacement de la conscience à travers les sefirot, on fait résonner chaque nom comme un mantra. Cette expression du son apporte une énergie spirituelle purifiant et affinant chaque sphère de conscience et ouvrant la voie vers Dieu.

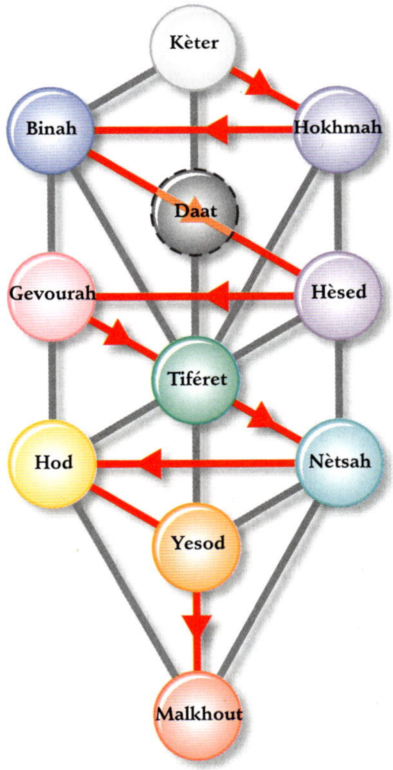

Cette voie descendante à travers l'Arbre de vie est l'Éclair, souvent utilisé pour aider la méditation.

Daat

Les sept sefirot inférieures sont séparées des trois supérieures, la "trinité divine", par la "non sefirah" Daat, le lieu du savoir, le vide, l'abysse, la voie, la pièce vide. C'est un non-lieu, car elle est transpersonnelle et dépourvue de forme.

L'existence d'un vide entre les trois sefirot célestes Kèter, Hokhmah et Binah et les sept sefirot inférieures est une idée très présente dans la Kabbale. Lorsqu'on regarde la descente de l'Éclair sur l'Arbre de vie, on voit qu'elle suit une voie connectant les sefirot, sauf quand il saute de Binah à Hèsed, renforçant ainsi l'idée d'un vide qu'il faut traverser. Il n'y a pas de moyen facile d'atteindre cette sphère : le seul accès est par en dessus ou par en dessous du piller d'équilibre central.

Daat signifie savoir, en fait omniscience. La meilleure façon d'approcher le vide, le grand inconnu, est en acquérant

Le symbole de Daat est une pièce vide. Elle cache un grand secret ; allumez mentalement une bougie pour traverser Daat sans danger.

le savoir. Mais le savoir ne suffit pas, comme on le constatera – on doit équilibrer le savoir acquis avec Binah (intelligence) et Hokhmah (sagesse).

Cette non-sefirah comprend la connaissance du passé, du présent et de l'avenir. Elle est la matrice du silence et traditionnellement la demeure de l'Esprit saint (*rouah ha kodech*). Pour accéder au "Saint des Saints", on doit traverser Tiféret, gouvernée par l'Archange Raphaël.

Celui-ci aidera à développer l'équilibre et la compassion dans sa vie, de sorte qu'on puisse acquérir la connaissance de soi.

VISUALISATION DE DAAT

Cette visualisation permet de faire venir la lumière dans l'obscurité. Très souvent, lorsque nous sommes dans le "noir" (ignorance), celui-ci est perçu par l'"ego" comme étant l'inconnu. Asseyez-vous ou allongez-vous confortablement dans un espace tranquille où vous ne serez pas dérangé. Si nécessaire, étudiez l'Accord angélique (voir pages 218 et 219) avant de commencer.

PROCÉDURE

1 Asseyez-vous confortablement.

2 Fermez les yeux, relaxez-vous, prenez des respirations brèves, devenez conscient de votre souffle.

3 Imaginez-vous dans une pièce obscure.

4 Laissez vos yeux s'habituer à l'obscurité et votre mental s'adapter au silence. Lorsque vous êtes prêt et à l'aise dans l'obscurité, allumez mentalement une bougie. Votre mental est l'étincelle allumant la flamme.

5 Notez dans votre journal toutes vos expériences kabbalistiques, visualisations, méditations, rêves.

Le caducée

Le caducée ou le bâton d'Hermès (messager et scribe des dieux grecs) est un symbole de sagesse, de guérison et de fertilité. C'était en fait une branche d'olivier avec deux pousses décorées de guirlandes de fleurs ou de rubans stylisées comme deux serpents. Selon les légendes anciennes, le dieu Apollon a donné le caducée à Hermès.

Asclépios, le dieu grec de la médecine, porte lui aussi un bâton autour duquel sont enroulés des serpents. Zeus, inquiet à l'idée qu'un si brillant médecin pourrait rendre les hommes immortels, l'a foudroyé. Même Thot, le dieu égyptien, porte un caducée, objet apparaissant par ailleurs dans la culture babylonienne.

Le serpent vert part de Malkhout et se love vers la gauche, touche Yesod, se love vers la droite en touchant Nètsah, puis revient vers le centre à Tiféret et finit à Gevourah. Le serpent vert représente l'extase et la nature, où Dieu agit, ainsi que le monde naturel des arbres, des plantes et des fleurs.

Le serpent orange part lui aussi de Malkhout et se love vers la droite, touche Yesod, se love vers la gauche en touchant Hod, puis revient au centre à Tiféret et finit à Hèsed. Le serpent orange représente l'analyse et la compréhension, la voie de la gnose hermétique vers la conscience de Dieu à travers l'intellect.

Le cercle entre les deux ailes surmonte Kèter. L'aile gauche couvre Binah, l'aile droite, Hokhmah. Le caducée une fois posé sur l'Arbre de vie, on voit un mouvement nouveau et sophistiqué, plus représentatif de l'équilibre yin et yang, en harmonie avec l'Ère du Verseau, où les opposés complémentaires existent l'un dans l'autre.

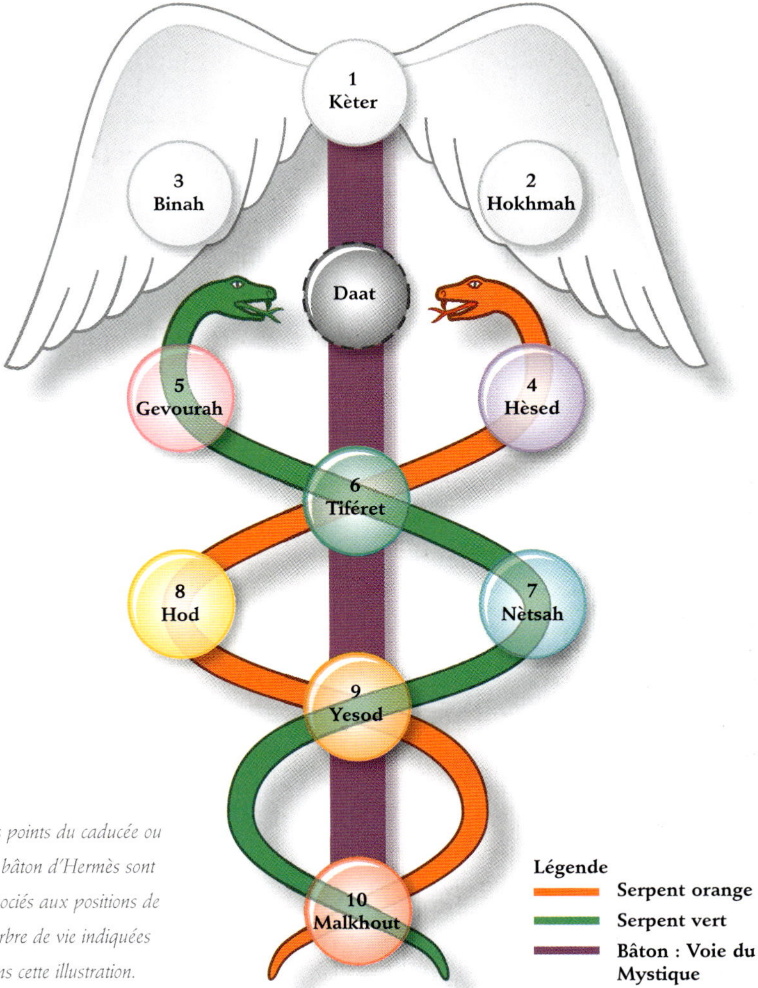

Les points du caducée ou du bâton d'Hermès sont associés aux positions de l'Arbre de vie indiquées dans cette illustration.

L'Échelle de lumière

Dans l'Ancien Testament (Genèse 28:10-22), le patriarche Jacob rêve d'anges montant et descendant une échelle ardente entre le Ciel et la Terre. Dans cette vision, Dieu se tient à côté de Jacob et lui promet d'être toujours avec lui. L'échelle symbolise le lien entre le Ciel et la Terre.

L'Échelle de lumière concentre les enseignements de la kabbale lourianique. L'œuvre de rabbi Isaac Louria (1534-1572), premier kabbaliste visionnaire et novateur, était concentrée sur le *Zohar* (voir page 70). Rabbi Louria a introduit dans la Kabbale les notions fondamentales de “contraction”, de “brisure” des vases et de “réparation”. Son intuition la plus subtile concernait la nature de Dieu en tant que créateur. Selon lui, le monde avait été créé par une “contraction” de la divinité en elle-même, permettant l'apparition d'un espace vide. Plus important, le monde est toujours en évolution via le processus de sa création. Cette étape a été suivie par la constitution des émanations divines, les sefirot. À ce stade, il se produisit une catastrophe, la création fut remplacée par la destruction, cataclysme que Louria désigne par le terme de *brisure* des vases divins, élément capital de la kabbale lourianique. Le concept de *réparation* des dommages causés par cette brisure a révolutionné la Kabbale.

L'aspect créateur de Dieu est l'Adam Qadmon, l'homme archétypal. Selon les kabbalistes, les sefirot, “étincelles sacrées” décrivent symboliquement une immense forme d'apparence humaine, offrant un aperçu du monde intérieur (dimensions intérieures), outre du monde environnant (autres dimensions). Elles souhaitent revenir à leur état d'unité avec Dieu. L'Échelle de lumière est une extension de l'Arbre de vie.

Ce tableau français du XVe siècle, L'Échelle *de* Jacob, *représente le rêve de Jacob sur les anges montant au ciel.*

Les Quatre mondes

L'Échelle de lumière monte à travers quatre mondes imparfaits. Pour les kabbalistes, ces quatre mondes sont une exploration de la relation complexe d'interprétations de la Kabbale. Cette exploration offre des aperçus subtils de la structure psychologique de l'homme. Chaque individu interprète la Kabbale à sa propre manière.

Les lettres YHWH correspondent aux quatre mondes. Dans la Kabbale classique, les quatre mondes décrivent la structure du cosmos depuis Dieu en descendant à travers les royaumes angéliques jusqu'au monde physique.

L'ensemble de ces quatre mondes peut être considéré comme une hiérarchie linéaire, chacun englobant son propre Arbre complet, où Malkhout d'un monde devient Kèter dans le monde d'en dessous et Kèter d'un monde devient Malkhout du monde d'en dessus. Malkhout est tenue pour la réalisation complémentaire de Kèter : le premier est l'Immanence divine, la seconde, la Transcendance divine.

Atsilouth, "monde de l'émanation ou de la volonté de Dieu", est le monde spirituel des archétypes dont provient toute manifestation des formes. C'est le monde le plus proche du créateur, l'Adam Qadmon. C'est la réalité divine absolue, la divinité, parfaite et immuable, représentant les polarités masculine et féminine de Dieu.

Beryia est le monde mental de la création (spiritualité) où les idées archétypales deviennent des modèles. Il est aussi appelé Trône. L'Archange Métatron, pur esprit, commande une foule d'anges demeurant dans ce monde. Tous les autres archanges qui gouvernent chacune des dix sefirot demeurent aussi dans ce monde.

Yetsirah est le monde psychologique de la formation (émotion) où sont exprimés les modèles. Ce monde de formation est plein d'anges, encore de purs esprits enveloppés d'habits de lumière. Ils sont divisés en dix rangs, selon les dix sefirot, et chaque ange gouverne une partie différente de l'univers et tire son nom de l'élément ou du corps céleste qu'il garde.

Assia est le "monde du manifeste". C'est le monde physique où règne le matérialisme. Bien que les détails diffèrent selon les écoles kabbalistes, le consensus basique est que l'univers d'Assia constitue le monde subspirituel ou inférieur. Chacun de ces quatre mondes se rapporte à un type particulier de conscience.

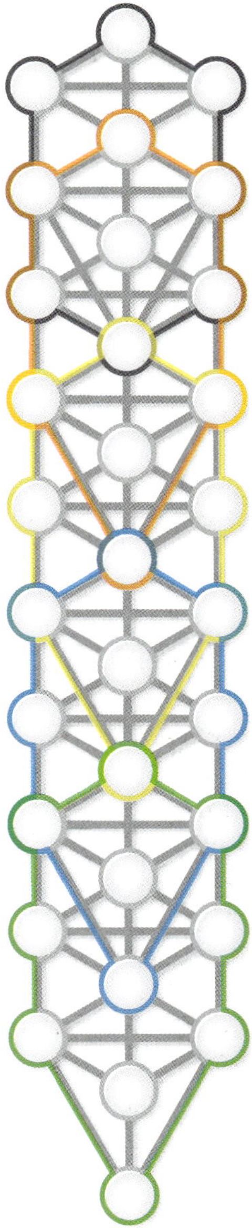

Légende
- **Dieu**
- **Atsilouth**
- **Beryia**
- **Yetsirah**
- **Assia**

L'Échelle de lumière incorpore les enseignements de la Kabbale lourianique dans un seul glyphe. Au lieu d'un Arbre, il y en a cinq se chevauchant.

Travailler sur la voie avec les anges

Cette technique est un important aspect de la tradition mystique de la Kabbale occidentale. En utilisant la structure de l'Arbre de vie, on peut créer de riches sources de visualisation pour changer la conscience et les fréquences à mesure du passage entre les sefirot. Ceci, à son tour, permet de gagner de l'expérience, de la connaissance, de la compréhension, de la sagesse et de l'unité personnelle et, en dernier, d'atteindre la conscience de Dieu, l'illumination.

À mesure que l'énergie divine descend et donne naissance aux dix sefirot, de nombreuses correspondances sont créées. Une fois que les sphères des dix sefirot sont en place, 22 voies les joignent les unes aux autres. À chacune des 22 voies est assignée une lettre de l'alphabet hébraïque, ainsi qu'une des 22 lames de l'Arcane majeur du Tarot.

À chaque sefirah correspond aussi un archange, une planète, une couleur, des plantes, des arbres, des fleurs, des cristaux et des anges particuliers.

Les dix sefirot plus les 22 voies forment les 32 voies de sagesse du monde

La visualisation aide à se voir soi-même depuis des perspectives différentes.

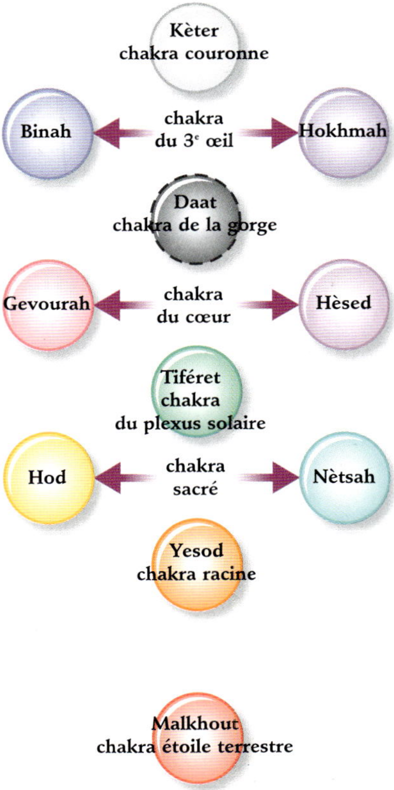

Ce diagramme représente les dix sefirot (y compris la non sefirah Daat) et leurs liens avec les sept chakras "principaux".

archétypal. Entre les 10 sphères et les 32 voies il y a les 50 portes de lumière intérieure. Les sphères, les voies et les portes de lumière forment le modèle de l'Arbre de vie applicable à bien des systèmes de croyances différents, y compris au système des chakras (voir page 102).

Le placement des dix sefirot, de la non sefirah (Daat) et des voies sur les chakras principaux est le suivant :

Kèter = chakra couronne
Binah et Hokhmah = chakra du 3e œil
Daat = chakra de la gorge
Gevourah et Hèsed = chakra du cœur
Tiféret = chakra du plexus solaire
Hod et Nètsah = chakra sacré
Yesod = chakra racine
Malkhout = chakra étoile terrestre

Les correspondances chakra – sefirah sont parfaites. En combinant deux sefirot (les trois paires d'opposées) aux chakras de polarité féminine (3e œil, cœur et sacré) on arrive à une meilleure compréhension de l'énergie féminine (yin), qui englobe aussi l'élément enfant de la trinité ou de l'équilibre.

Rituel de la Croix de lumière

Objectif *Apporter purification, bénédictions et équilibre*

Ce rituel engendre une puissante croix de lumière intérieure. La méditation est effectuée en se tenant debout, car la plupart des ecclésiastiques pratiquent ainsi les rituels et la prière. On peut étudier les méditations angéliques (voir pages 148 à 171) avant de pratiquer ce rituel.

Le Rituel de la Croix de lumière engendre une croix de lumière intérieure et un pouvoir intérieur.

Tenez-vous debout, pieds fermement plantés sur la Terre pour ancrer l'énergie et permettre l'établissement d'un courant plus fort de lumière céleste, d'abord absorbé puis lancé à l'extérieur pour purifier, bénir et protéger le monde.

Traduction des mots

Atah – *Tu es*
Malkhout – *le Royaume*
Ve Gevourah – *et le Pouvoir*
Ve Gedoulah – *et la Gloire*
Le Olam – *éternels*

COMMENT EFFECTUER LE RITUEL

PROCÉDURE

1 Tenez-vous debout tourné vers l'est, détendu mais dans une bonne posture, mains sur les côtés, yeux fermés.

2 Visualisez-vous devenir de plus en plus élancé, jusqu'à ce que la Terre ne soit plus qu'un point sous vos pieds et votre tête soit dans le ciel le plus haut.

3 Percevez une sphère de pure lumière blanche brillante au-dessus de vous. Tendez la main droite vers cette lumière.

4 En entonnant "Atah", guidez cette lumière jusqu'au point situé au-dessus et entre vos yeux (le chakra du 3e œil).

5 En entonnant "Malkhout", faites descendre la lumière à travers votre corps jusqu'en dessous de vos pieds (chakra étoile terrestre), en vous emplissant de pure lumière blanche brillante.

6 Imaginez le même point de pure lumière blanche brillante loin à votre droite. Atteignez-le de la main droite et guidez-le vers votre épaule droite, en entonnant "Ve Gevourah".

7 Continuez à tirer la lumière à travers votre corps, vers l'épaule gauche, la touchant, puis loin vers la gauche avec votre main gauche, en entonnant "Ve Gedoulah".

8 Tendez les bras en croix. Voyez-vous comme une croix de lumière blanche brillante.

9 Ramenez les mains au niveau de votre cœur (position de la prière) en entonnant "Le Olam".

10 Joignez les mains en prière et respirez à fond pour absorber toute cette lumière et énergie.

11 Entonnez "Amen". En expirant, émettez cette lumière et énergie, baignant votre monde d'amour divin.

12 Pour clore la séance, revenez à la réalité quotidienne.

Le rituel de moindre bannissement du Pentagramme

Objectif *Purifier et apporter une protection angélique immédiate*

Ce rituel suit celui de la Croix de Lumière (voir pages 96 et 97) pour apporter protection angélique et favoriser la méditation, la pensée claire, le mental calme, libérée des influences extérieures indésirables.

COMMENT EFFECTUER LE RITUEL

IL VOUS FAUT

Un quartz clair à pointe unique (voir la photo ci-contre pour un exemple).

PROCÉDURE

1 Tenez-vous debout face à l'est et pratiquez le rituel de la Croix de lumière (voir pages 96 et 97).

2 Dans la même position, en utilisant un quartz clair à pointe unique, tracez un grand pentagramme dans les airs devant votre corps, dirigé vers le bas. Commencez à la hanche gauche, montez au-dessus du front, centrez-le sur votre corps, puis descendez vers la hanche droite, montez vers l'épaule gauche et descendez au point de départ devant votre hanche gauche.

3 Visualisez le pentagramme comme

une lumière verte avec une aura dorée. Dirigez votre cristal vers le centre et dites "YHWH" (Yod-hé-vav-hé – le tétragramme rendu en latin comme Jehovah).

4 Tournez-vous vers le sud. Répétez l'étape 2, mais visualisez le pentagrammme comme une lumière jaune avec une aura bleu indigo et dites "Adonaï" (autre nom de Dieu, traduit comme "Seigneur").

5 Tournez-vous vers l'ouest. Répétez l'étape 2, mais visualisez le pentagrammme comme une lumière orange avec une aura blanche et dites "Éheieh" (autre nom de Dieu traduit pas "Je suis qui je suis").

6 Tournez-vous vers l'ouest. Répétez l'étape 2, mais visualisez le pentagrammme comme une lumière rouge avec une aura violette et dites "Agla" (composé d'Atah, Gevourah, Le Olam et Amen).

7 Revenez face à l'est, en dirigeant votre cristal vers le même point que pour l'étape 2. Visualisez les quatre pentagrammes enflammés autour de vous, connectés par une ligne de feu bleu.

Tenez-vous debout face vers l'est avec un quartz clair à pointe unique.

8 Tendez les bras en formant une croix. Dites : "Devant moi Raphaël, derrière moi Gabriel, à ma droite Michaël, à ma gauche Uriel, au-dessus de moi brûlent les pentagrammes et l'étoile à six branches se tient dans la colonne."

9 Répétez l'étape 1 du rituel de la Croix de lumière, tourné vers l'est, détendu, en une bonne posture, mains sur les côtés, yeux fermés.

10 Pour clore la séance, revenez à la réalité quotidienne.

COULEURS ANGÉLIQUES

Anges des rayons

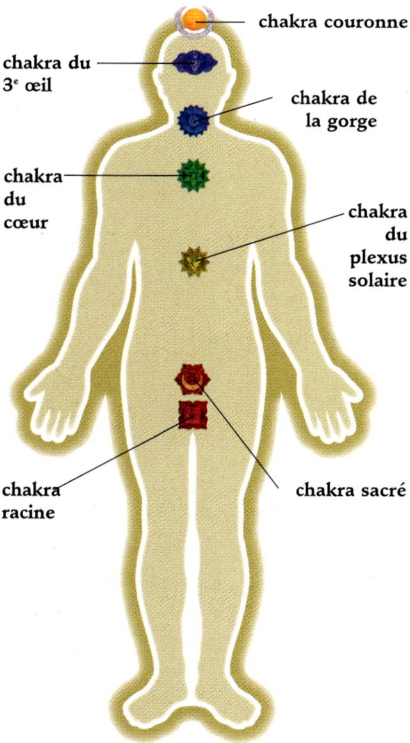

Dans certains textes traitant de la tradition angélique, les sept archanges représentent les sept rayons de l'illumination spirituelle et les sept couleurs de l'arc-en-ciel. Les sept rayons se rapportent aussi aux sept chakras principaux. En s'accordant aux "anges des rayons" et en ouvrant ses chakras, on équilibre ses niveaux énergétiques, on obtient un aperçu spirituel et on devient capable de guérir les autres.

Chakras. Centres d'énergie subtile, les chakras sont extrêmement importants pour le bien-être physique et émotionnel, ainsi que pour la croissance spirituelle. Chaque chakra est associé à des organes et des glandes endocrines spécifiques. Les chakras traitent l'énergie subtile et suscitent des changements chimiques, hormonaux et cellulaires dans le corps physique. Chaque chakra vibre à une fréquence, à une couleur et à une note musicale différente. Sa polarité est soit masculine, soit féminine. Les chakras couronne, de la gorge, du plexus solaire et racine sont masculins (positifs) ; les chakras du 3e œil, du cœur et sacré sont féminins (négatifs).

Les sept chakras principaux sont situés sur la ligne de centre du corps – cinq d'entre eux le long de la colonne vertébrale. Le chakra racine ouvre vers le bas, le chakra couronne, vers le haut. Les cinq autres s'ouvrent depuis la partie antérieure vers la partie postérieure du corps.

Lumière et couleur. La couleur est un langage universel, qui parle à l'âme. Chacune des sept couleurs du spectre visible a des propriétés thérapeutiques se rapportant – à travers leur résonance – aux sept chakras principaux.

Savoir ancien. La luminothérapie, la chromatothérapie et la thérapie hydrochromatique (teintures colorées) sont des formes anciennes de guérison

En passant à travers un prisme, un rayon de lumière blanche est décomposé dans les sept couleurs de l'arc-en-ciel.

naturelle. Les rayons colorés affectent le corps physique, les émotions, les humeurs, les facultés mentales, la nature spirituelle. Parfois, on se traite soi-même sans s'en rendre compte en choisissant des vêtements d'une certaine couleur ou en s'entourant de couleurs particulières à la maison, au bureau ou au jardin

C'est seulement en utilisant les signatures magiques des couleurs de manière éclairée qu'on maîtrise cette merveilleuse force vitale, qui améliore la qualité de la vie et confère un sentiment global d'harmonie, d'équilibre et de bien-être total.

Rayon rubis

Archange Uriel

Couleur *Rouge rubis* • **Centre d'intérêt** *Dévouement spirituel à travers le service altruiste aux autres* • **Chakra** *Racine* (muladhara) – *élément terre – équilibre exprimé comme état ancré, stable et fiable*

Le Rayon rubis est le sixième rayon de lumière spirituelle et le premier rayon du spectre visible. Il influence le chakra racine sur le plan physique (troisième dimension) et est le rayon transmutant (transformateur) du chakra du plexus solaire (quatrième dimension). Sa couleur va du rouge vif au pourpre vif moucheté d'or, comme les rubis les plus fins.

Le nom d'Uriel signifie "Feu de Dieu" ou "Lumière de Dieu". L'un des archanges les plus puissants, Uriel est l'"Ange de la présence", capable de refléter la lumière inimaginable qui est Dieu. Il est associé à l'électricité, à la foudre, au tonnerre, à l'action brusque et est souvent représenté tenant un rouleau (renfermant le chemin de vie de l'individu) ou un bâton.

La lumière de Dieu transmise par Uriel confère l'illumination, vitale pour ceux qui ont l'impression d'avoir perdu leur voie. Le Rayon rubis est à utiliser à chaque fois qu'on se sent perdu, abandonné, effrayé, délaissé, rejeté ou suicidaire.

Associations physiques. Organes génitaux et reproducteurs, régulation de la sécrétion de l'adrénaline dans le sang, circulation sanguine, muscles, pieds, jambes, genoux, hanches. Détoxifie le corps en dissipant l'apathie. Réchauffant. Accroît l'énergie physique et stoppe

l'affaiblissement. Incite à écouter la sagesse du corps. À éviter en cas d'hypertension, d'œdème, d'inflammation, d'agitation, d'hyperactivité, de fièvre, d'ulcères.

Associations émotionnelles et mentales. Active, vitalise, suscite le désir sexuel et l'amour. Élimine les blocages énergétiques profonds de l'organisme. Produit action, force vitale, courage, vigueur et endurance. Stimule de nouveau les processus lents ou stagnants, rétablit l'envie de vivre. Dynamique, dissipe la peur et chasse les comportements obsessionnels.

Associations spirituelles. Enseigne la maîtrise du monde matériel, aide les êtres humains à se connecter à l'ordre divin pour faire venir l'harmonie et la paix mondiale. Fait entrer la spiritualité dans la vie de tous les jours.

Le rouge, la première couleur du spectre visible, permet d'appeler l'Archange Uriel pour qu'il facilite l'élimination des blocages énergétiques profonds.

Rayon orange

Archange Gabriel

Couleur *Orange* • **Centre d'intérêt** *Créativité – utilisé aussi pour dissiper la peur*

Chakra *Sacré* (svadhisthana) – *élément eau – équilibré exprimé en tant que vitalité, créativité et originalité*

Second rayon du spectre visible, le Rayon orange influence le chakra sacré sur le plan physique (troisième dimension). Sa couleur vermillon passe d'orange à orange doré, comme les cristaux de hessonite de qualité gemme.

L'archange Gabriel, le messager, l'un des quatre archanges supérieurs, est l'un des deux anges mentionnés nommément dans le Nouveau Testament (l'autre étant l'Archange Michaël). Ange de l'Annonciation, Gabriel a annoncé la naissance de Jésus à Marie. Également présent à la mort de Jésus, il a veillé sa tombe et a annoncé sa résurrection aux disciples (bien que cette fois-ci son nom ne soit pas spécifiquement mentionné). Pour l'islam, l'Archange Gabriel (Djibril) a dicté le Coran au prophète Mahomet. On affirme qu'il a inspiré Jeanne d'Arc. Lorsqu'il est le rayon transmutant (transformant) dans la quatrième dimension du chakra racine, sa couleur est le blanc.

Associations physiques. Parties du corps : bas du dos, côlon descendant, abdomen et reins. Gouverne les fonctions surrénales. Aide la digestion.

Atténue la bronchite et l'asthme, utile pendant la ménopause, équilibre les hormones et favorise la fertilité. Très motivateur, équilibre les niveaux

L'orange permet d'appeler l'Archange Gabriel pour atténuer le stress et accroître la créativité.

énergétiques du corps, accroît la vitalité, accumule progressivement l'énergie d'une manière plus douce que le Rayon rouge. Débloque les processus arrivés à un point mort. Soulage la constipation.

Associations émotionnelles et mentales. Atténue le chagrin, le deuil et le sentiment de perte. Accroît la créativité, l'optimisme et la vision positive de la vie. Contribue à alléger la peur et les phobies. Élimine la crainte de ressentir du plaisir.

Associations spirituelles. Stimule la joie, qui remonte le moral.

Rayon jaune

Archange Jophiel

Couleur *Jaune* • **Centre d'intérêt** *Sagesse*

Chakra *Plexus solaire* (manipura) – *élément feu – équilibre exprimé en tant que processus de pensée logique, confiance en soi et manifestation des objectifs*

Troisième rayon du spectre visible, le Rayon jaune influence le chakra du plexus solaire sur le plan physique (troisième dimension) et est le rayon transmutant du chakra couronne (quatrième dimension). C'est le second rayon spirituel, d'une couleur allant de jaune orange à or pâle, comme les cristaux de citrine les plus fins.

Jophiel, l'Archange de la sagesse, travaille avec les anges des Manoirs de sagesse. Son rayon est souvent tenu pour la lumière du soleil. Son nom signifie "Beauté de Dieu".

Le rayon de l'Archange Jophiel aide à développer une approche nouvelle de la vie où reviennent l'enchantement et le plaisir. Jophiel établit les connexions mettant en harmonie avec le moi supérieur à travers une multitude de dimensions – on peut donc le tenir pour une échelle cosmique. Grâce à lui, les fragments d'âme éparpillés de par le choc, la peur ou une maladie grave sont récupérés sans délai.

Parmi les dons de Jophiel on trouve la flamme de la sagesse, l'intuition, la perception, la joie, l'extase et l'illumination de l'âme. On invoque Jophiel lorsque la créativité a besoin d'être stimulée pour prévenir les sentiments de faible respect de soi, d'inertie ou de confusion. Jophiel aide à assimiler de nouvelles données. Sa flamme de sagesse peut être invoquée lors de toute situation exigeant une perception mentale claire, de discernement ou d'inspiration.

Associations physiques. Parties du corps : pancréas, plexus solaire, foie, vésicule biliaire, rate, côlon transverse, système nerveux, système digestif, peau.

Fortifie, tonifie, stimule et consolide l'énergie. Soutient les processus corporels faibles. Détruit la cellulite et élimine les toxines. Renouvelle la *joie de vivre*. Les chromatothérapeutes l'utilisent pour soigner l'arthrite, la raideur des articulations et l'immobilité.

Associations émotionnelles et mentales. Vivacité mentale et meilleur apprentissage. Sagesse et stimulation intellectuelle. Favorise la concentration. Confère état d'esprit stable, liberté, rire et joie. Accroît la maîtrise de soi, le respect de soi, le bien-être. Stimule la conversation et peut améliorer la communication. Prévient la timidité, confère courage. Évite la confusion mentale.

Associations spirituelles. Confère l'illumination de l'âme, fortifie le lien avec le moi supérieur, les guides et les anges. Aide à récupérer les fragments de l'âme éparpillés par la maladie ou la dépression.

Le jaune permet d'appeler l'Archange Jophiel afin d'accéder à la clarté et à la sagesse.

Rayon vert

Archange Raphaël

Couleur *Vert émeraude* • **Centre d'intérêt** *Guérison et harmonie*

Chakra *Cœur* (anahata) – *élément air – équilibre exprimé en tant qu'amour inconditionnel pour soi-même et pour les autres*

Quatrième du spectre visible, le Rayon vert influence le chakra du cœur sur le plan physique (troisième dimension). C'est le rayon transmutant du chakra du 3e œil (quatrième dimension). C'est le cinquième rayon spirituel, d'un vert émeraude chatoyant, comme les émeraudes de qualité gemme.

L'Archange Raphaël est l'aspect curatif de Dieu, le médecin du monde angélique, le guérisseur divin incitant à se guérir soi-même et aidant à trouver la direction intérieure, l'amour, la compassion, l'équilibre et l'inspiration nécessaires pour guérir autrui.

Raphaël fait partie des sept anges gouverneurs (princes). C'est l'un des trois anges reconnus par l'Église chrétienne (avec Michaël – Michel – et Gabriel). Il est par ailleurs le chef des anges gardiens et le patron des voyageurs. Souvent représenté portant un caducée ou sous l'aspect d'un pèlerin portant un bâton dans une main et un bol de baume de guérison dans l'autre. En tant qu'ange supervisant la guérison, l'Archange Raphaël guide tous les hommes dans leur travail de guérison – qu'il soit classique ou complémentaire.

Associations physiques. Couleur de la nature se trouvant au milieu du spectre visible, le vert égalise, calme, détend.

Le vert permet d'appeler l'Archange Raphaël afin de trouver la guérison et l'équilibre.

Encourage la croissance personnelle en suscitant l'harmonie. Garde en équilibre dynamique l'énergie mentale et physique. Soulage les processus douloureux. Accordé à la nature et aux royaumes deviques, le vert est le rayon des grands guérisseurs, qui l'utilisent pour soigner les maux de tête de tension et les migraines, les ulcères gastriques, les troubles gastriques et tous genres de stress, y compris les états émotionnels extrêmement agités. Atténue les problèmes cardiaques, pulmonaires et les troubles du thymus.

Associations émotionnelles et mentales. Atténue la claustrophobie et l'impression de restriction. Stabilise le système nerveux, apaise les émotions, diminue la confusion mentale. Apaise tous les sens. Contribue au développement des relations saines avec les autres.

Associations spirituelles. Développe la vision divine, l'intuition et la perception à travers l'équilibre et l'harmonie. Améliore les techniques de visualisation créative et de manifestation.

Rayon bleu

Archange Michaël

Couleur *Bleu saphir* • **Centre d'intérêt** *Communication*

Chakra *Gorge* (vishuddha) – *élément éther – équilibre exprimé en tant que communication facile avec soi-même et les autres sur tous les plans*

Cinquième rayon du spectre visible, le Rayon bleu influence le chakra de la gorge sur le plan physique (troisième dimension). C'est le rayon transmutant de ce chakra (quatrième dimension) et le premier rayon spirituel.

Le puissant Archange Michaël est le protecteur de l'humanité, l'incorruptible commandant en chef de tous les archanges, qui mène les forces célestes – ses "légions de lumière" – contre le mal. Sa principale couleur est le jaune soleil ; en fait, son domaine est le pouvoir ardent du plexus solaire, mais comme son épée est faite d'un saphir, la flamme bleue est souvent associée au chargement en pouvoir et au développement des chakras de la gorge et du 3e œil. Le Rayon bleu symbolise le pouvoir et la volonté de Dieu, ainsi que les pouvoirs de la foi, de la protection et de la vérité. En tant que guerrier de Dieu, l'Archange Michaël est souvent représenté en train de tuer un dragon.

Associations physiques. Parties du corps : gorge, thyroïde et parathyroïde, partie supérieure des poumons, mâchoire, base du crâne, poids corporel.

Apaise, limite, inhibe et calme les états chauds. Diminue les fièvres et régularise l'hyperactivité, les processus inflammatoires et perturbés. Apporte la clarté et la sérénité. Atténue les infections de l'oreille et de la gorge. Soulage la raideur du cou et assouplit les attitudes opiniâtres. Analgésique naturel. Abaisse l'hypertension et ralentit le rythme cardiaque. Calme le système nerveux central, ce qui diminue le stress. Convient aux chambres des malades et aux agonisants.

Associations émotionnelles et mentales. Combat la peur de dire la vérité. Calme le mental, ce qui aide à penser plus clairement. Apporte la paix et détache des problèmes quotidiens.

Associations spirituelles. Incite à se mettre en quête de la vérité supérieure et du savoir caché. Le Rayon bleu représente le pouvoir et la volonté de Dieu, il véhicule le pouvoir de la foi et de la protection. Favorise l'abandon de la volonté individuelle (ego) à la volonté supérieure de Dieu, pour être utilisée au développement de la dévotion.

Le bleu permet d'appeler l'Archange Michaël pour la protection et de meilleurs talents de communication.

Rayon indigo

Archange Raziel

Couleur *Indigo* • **Centre d'intérêt** *Intuition et perception*

Chakra *Troisième œil* (ajna) – *élément* avyakta *(nuage primordial de lumière non différenciée) – équilibre exprimé en tant qu'intuition, clairvoyance, clairaudition, clairsensation*

L'indigo est le sixième rayon du spectre visible et le rayon transmutant (quatrième dimension) du chakra de la gorge. C'est la clé du développement des facultés physiques latentes, qui favorise la connexion consciente avec "l'esprit".

Raziel est l'archange des mystères, dont le nom signifie "Secret de Dieu". Il offre les informations divines en permettant d'apercevoir l'énigme qui est Dieu. Cette expérience conduit la conscience au-delà des confins du temps, si bien que tout de ce plan d'existence montrera le passé, le présent et l'avenir en tant "qu'instant" éternel. Selon la tradition sacrée, l'Archange Raziel se tient tous les jours sur le mont Horev, révélant les secrets des hommes à l'ensemble du genre humain.

Le savoir de Raziel est total, absolu, sans équivoque et parfait. Lorsqu'on reçoit ces extraordinaires "aperçus", on n'a pas besoin de confirmation de sa "compréhension" de la part d'autrui. Le chakra couronne est ouvert, les flammes de l'illumination descendent et on peut transcender la réalité normale. Ces rencontres avec Raziel peuvent sembler extrêmes à la famille, aux amis, aux collègues de travail et même à la société en général, mais une fois qu'on a un savoir certain des mécanismes du divin, rien ne sera jamais pareil !

L'indigo permet d'appeler l'Archange Raziel pour accroître l'intuition.

Associations physiques. Parties du corps : hypophyse, squelette, yeux, sinus.

L'indigo est le plus puissant analgésique du spectre. Élimine la négativité du squelette. Tue les bactéries des aliments, de l'air et de l'eau. Détruit la pollution sur tous les plans. Soulage les problèmes sinusaux chroniques. Atténue l'insomnie, la bronchite, l'asthme et les problèmes pulmonaires. Soulage les cauchemars et les maux de tête de tension. Apaise les états thyroïdiens suractifs. Détruit les tumeurs. Atténue les troubles rénaux, contrôle la diarrhée, diminue l'hypertension. Soulage les problèmes du dos, particulièrement la sciatique, le lumbago et tout trouble vertébral. L'indigo engendre parfois une dépendance, car il amoindrit tous les problèmes quotidiens et les expériences difficiles.

Associations émotionnelles et mentales. Tranquillise le mental conscient, qui à son tour calme les émotions. Génère la communication intérieure. Aide à se concentrer sur les questions personnelles – conscience de soi, compréhension de soi. Traite l'obsession et toutes les formes d'instabilité émotionnelle.

Associations spirituelles. Antiseptique astral, purifie les formes-pensées négatives. Permet l'enregistrement des impressions subtiles, favorise les facultés télépathiques, l'intuition, la clairvoyance, la clairaudition, la clairsensation. Accroît le savoir spirituel. L'indigo est le domaine du mystère et de la compréhension psychique, c'est le rayon des peintres et des acteurs.

Rayon violet

Archange Zadkiel

Couleur *Violet* • **Centre d'intérêt** *Autotransformation, croissance spirituelle, alchimie cosmique*
Chakra *Couronne* (sahasrara) – *élément énergie cosmique – équilibre exprimé en tant que conscience cosmique, discernement et compréhension*

Doté de la vibration la plus élevée du spectre, le violet est le septième rayon, à la longueur d'onde la plus courte. Il est aussi le plus rapide. En tant que tel, il symbolise le point de transition entre le visible et l'invisible pour la vision humaine normale – il a toujours représenté l'alchimie divine et la transmutation de l'énergie depuis le monde physique rudimentaire au divin.

L'Archange Zadkiel est l'ange de miséricorde et de bienveillance. On l'appelle aussi "le Saint", car il enseigne la foi en Dieu et la bienveillance de Dieu, en plus d'offrir réconfort dans les moments de besoin. Il gouverne la planète Jupiter et le mardi. Souvent représenté tenant une dague, car il était l'ange qui avait empêché Abraham de sacrifier son fils Isaac sur le mont Moriah. C'est le chef du chœur angélique des dominations et l'un des sept grands êtres angéliques se tenant devant le trône de Dieu. Dans son livre *Ozar Midrachim* 11,316, J. D. Eisenstein l'appelle *Kaddicha* et le tient pour l'un des gardiens des portes du vent de l'est.

Associations physiques. Parties du corps : épiphyse, sommet de la tête, point couronne, cerveau, cuir chevelu.

Améliore l'inflammation intérieure, atténue les palpitations cardiaques. favorise le fonctionnement correct du système immunitaire. Estompe les ecchymoses, les gonflements et les yeux au beurre noir. Soulage la fatigue oculaire. Apaise les irritations, calme la douleur, accélère les processus de guérison.

Associations émotionnelles et mentales. Calme la turbulence émotionnelle, aide le rétablissement émotionnel, diminue les dépendances et les traits de caractère les favorisant. Écarte les obstacles émotionnels.

Associations spirituelles. Inspire, libère l'imagination, favorise la méditation, accroît les capacités physiques, développe l'intuition. Offre consécration spirituelle et rêves significatifs. Utilisé pour la régression dans les vies antérieures. Favorise le développement du chakra couronne, la connexion de l'âme et ouvre la porte du mental supérieur. Offre protection psychique. Permet d'avoir des "visions". Purifie tout ce qu'il touche, ce qui en fait un guérisseur global du mental et du corps.

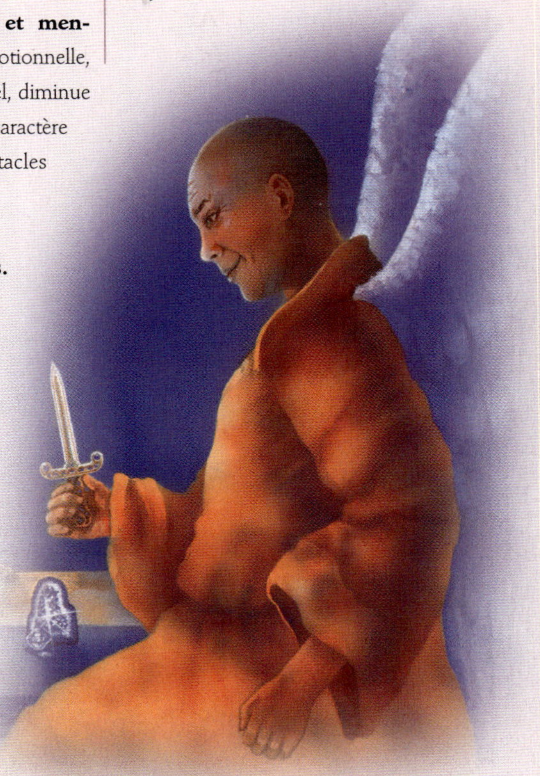

Le rayon violet permet d'appeler l'Archange Zadkiel pour la transformation spirituelle.

Méditation des couleurs avec les anges des sept rayons

Objectif *Un tonique arc-en-ciel pour déterminer la couleur du rayon ayant le plus besoin d'équilibre*

Si une couleur particulière est nécessaire, il faut travailler avec l'archange qui dirige le rayon correspondant. La respiration de la couleur peut être utilisée pour remplir l'ensemble du corps ou seulement une partie de celui-ci. Cette guérison apaise la douleur de toute zone du corps. Il suffit d'invoquer l'ange du rayon de la couleur qui attire intuitivement.

L'arc-en-ciel est un symbole d'espoir, de fortune et de joie angélique.

COMMENT PRATIQUER LA MÉDITATION

PROCÉDURE

1 Asseyez-vous confortablement sur une chaise. Fermez les yeux.

2 Commencez à respirer profondément, en toute conscience, en détendant toutes les parties de votre corps.

3 Une fois détendu, invoquez l'Archange Zadkiel pour qu'il remplisse l'air autour de vous de couleur violette.

4 Inspirez en comptant jusqu'à 3, en vous visualisant absorber intensément cette couleur par le nez et en suivant sa progression dans votre corps.

5 Retenez cet air coloré en comptant jusqu'à 3, puis expirez en comptant de nouveau jusqu'à 3. Répétez deux fois de plus. Cela complétera le premier cycle de respiration triple de la couleur.

6 Invoquez l'Archange Raziel pour qu'il remplisse l'air autour de vous de couleur indigo.

7 Inspirez en comptant jusqu'à 3, en vous visualisant absorber intensément cette couleur par le nez et en suivant sa progression dans votre corps.

8 Retenez cet air coloré en comptant jusqu'à 3, puis expirez en comptant de nouveau jusqu'à 3. Répétez deux fois de plus. Cela complétera le deuxième cycle de respiration triple de la couleur.

9 Continuez ces cycles des trois respirations, en invoquant à chaque fois l'ange du rayon de la couleur appropriée.

10 À la fin de ce processus, soit concentrez-vous sur l'inspiration de la lumière blanche, soit détendez-vous et permettez à votre corps de revenir très lentement à la normale.

Rayon blanc

Archange Métatron

Couleur *Lumière blanche (brillance)* • **Centre d'intérêt** *Évolution spirituelle, illumination, activation du corps de lumière et ascension* • **Chakra** *Étoile de l'âme*

Le chakra étoile de l'âme, situé à environ une largeur de main au-dessus de la tête, est le "siège de l'âme". Appelé parfois le huitième chakra, c'est le premier des chakras non physiques ou transcendantaux. Le chakra étoile de l'âme renferme des informations concernant l'âme de l'individu. Dès qu'il est activé par l'Archange Métatron, ces informations arrivent dans le système inférieur des chakras, qui initie le processus d'activation du corps de lumière, processus d'ascension à la conscience cosmique, l'illumination.

La lumière blanche est le rayon suprême, qui renferme et reflète toutes les couleurs, y compris celles invisibles à l'œil humain.

Invoquer l'Archange Métatron et utiliser son Rayon blanc confèrent une croissance spirituelle sans précédent. Son tourbillon est si lumineux et si vaste qu'il est souvent perçu comme un pilier de feu plus aveuglant que le Soleil. C'est la lumière que Moïse a vue en tant que buisson ardent avant de recevoir les dix commandements. C'est la lumière que saint Paul a rencontrée sur le chemin de Damas. C'est la lumière souvent vue par les personnes ayant connu une expérience de mort imminente.

Associations physiques. Toutes les zones du corps. Rétablit la vivacité, remède universel. Le plus versatile et harmonisant de tous les rayons.

Associations émotionnelles et mentales. Purifie et équilibre les émotions. Confère paix intérieure et tranquillité. Permet de tout effacer. Détruit les débris émotionnels. Affine les émotions.

Associations spirituelles. Multidimensionnel, apporte la croissance spirituelle à tous ceux qui l'utilisent. Prépare les chakras "physiques" tridimensionnels à l'illumination spirituelle en tant qu'états correspondants de conscience.

La lumière blanche est le rayon suprême de l'Archange Métatron.

Rayon rose

Archange Chamuel

Couleur *Rose* • **Centre d'intérêt** *Relations* • **Chakra** *Cœur* (anahata) – *élément air – développement des émotions nobles*

Le Rayon rose équilibré est l'union du Ciel et de la Terre rendue manifeste dans le cœur humain. C'est le produit du mariage du Rayon rouge physique avec le Rayon blanc de la conscience et de la plénitude spirituelles.

L'Archange Chamuel favorise le renouvellement et améliore les relations affectueuses avec les autres en aidant au développement du chakra du cœur. Ceci est accompli grâce au beau Rayon rose qui représente la capacité d'aimer les autres et de prendre soin d'eux, de donner et de recevoir l'amour sans condition ou intérêt. C'est un amour transcendant et transformant le moi, qui fait passer de par la compassion à l'état divin de maturité émotionnelle. Beaucoup de gens sont effrayés à l'idée d'ouvrir leur chakra du cœur. Ceux qui ont réussi à surmonter cette peur possèdent une chaleur charismatique rassurante et apaisante.

L'Archange Chamuel aide toutes les relations, particulièrement lors des situations changeant la vie, comme le conflit, le divorce, le deuil, même la perte d'emploi. Il permet d'apprécier les relations amoureuses présentes. Son message dit : "Dans une situation donnée, seule l'énergie de l'amour conférera valeur durable et bénéficiera à toute la création."

Associations physiques. Parties du corps : cœur, épaules, poumons, bras, mains et peau.

Guérit toute partie du corps mal aimée. Soulage la tension physique et les maladies psychosomatiques. Utile lorsqu'une maladie a été diagnostiquée et lorsque la peur bloque le rétablissement physique.

Le délicat Rayon rose de l'Archange Chamuel active le bonheur et prépare à recevoir la conscience du Christ.

Associations émotionnelles et mentales. Le Rayon rose est concerné par l'instauration de la confiance et du respect de soi. Il dissipe rapidement les émotions négatives d'auto-condamnation, d'estime personnelle affaiblie, de dégoût de soi-même, d'égoïsme. Il active le bonheur "intérieur" en montrant à l'individu ses talents uniques et en l'aidant à les entretenir ainsi qu'à s'apprécier lui-même. Stoppe la dépression, le comportement compulsif et les tendances destructrices.

Associations spirituelles. Ouvre le chakra du cœur au développement des dons de guérison. Attire les âmes sœurs, avec lesquelles on peut partager ses pensées et ses sentiments les plus intimes. Prépare à recevoir la conscience du Christ, le Saint-Esprit.

Rayon turquoise

Archange Haniel

Couleur *Turquoise* • **Point d'intérêt** *Expression personnelle grâce aux sentiments et aux émotions élevées – expression de l'âme* • **Chakra** *Thymus – appelé aussi le point témoin ou le chakra du maître du cœur*

Le turquoise est un mélange équilibré de vert et de bleu favorisant le développement de l'individualité. C'est la couleur New Age de l'Ère du Verseau, qui incite à chercher le savoir spirituel.

Haniel est l'archange de la communication divine à travers la perception claire. Ange guerrier, son autorité aide à remplir la mission de l'âme, qui est de louer, d'honorer, d'aimer Dieu et de se réunir avec Lui. Pour ce faire, on utilise sa propre connexion avec Dieu, ce qui inspirera aussi les autres. On invoque le Rayon turquoise de l'Archange Haniel pour y puiser force et persévérance en cas de faiblesse. Ce Rayon guidera l'individu à travers les visions, les révélations personnelles et les coïncidences angéliques. Haniel est le protecteur de l'âme. Il confère la détermination et l'énergie nécessaires pour accomplir son dharma (trouver l'illumination en se détachant de l'illusion).

Le Rayon turquoise évoque l'essence du *shunyata*, le vide bleu infini parfaitement clair et majestueux rayonnant dans toutes les directions. Ce ciel bleu s'étendant à l'infini permet d'arriver à une compréhension de l'expansivité de l'âme et de sa vraie liberté que l'individu peut s'approprier s'il ne restreint pas ses horizons.

Associations physiques. Parties du corps : thymus, gorge. Agit sur les pro-

blèmes respiratoires, réactive le système immunitaire paresseux. Atténue la fatigue, les problèmes de poids, les allergies, le diabète, les maladies cardiaques, l'hypertension, le mal de gorge, la raideur du cou, l'asthme, les maux de tête de tension, le vertige, les troubles nerveux.

Associations émotionnelles et mentales. Apporte liberté émotionnelle, confiance et force intérieure. Calme les nerfs et est un tranquillisant naturel. Apaise le tourment émotionnel en équilibrant les émotions. Atténue les crises de panique. Favorise la communication sincère.

Tout au long de l'histoire humaine, les turquoises ont été utilisées comme amulettes de protection.

Associations spirituelles. Élargit les horizons spirituels et permet de surmonter les obstacles de la vie (y compris la négativité). Offre l'armure spirituelle exigée pour la sauvegarde de la liberté de l'âme. Purifie le chakra de la gorge. Fortifie le channelling et la communication avec les esprits guides et les anges. Intensifie l'intuition et offre un réconfort spirituel.

Rayon lilas

Archange Tzaphkiel

Couleur *lilas* • **Point d'intérêt** *Activer le chakra angélique – accéder à la direction angélique*
Chakra *Angélique – appelé aussi chakra du cinquième œil*

Deux chakras très importants sont situés au-dessus du chakra du 3e œil. Le premier est le chakra du 4e œil. Son nom sanskrit, *soma,* signifie "eau". Il équilibre le feu du chakra du plexus solaire qui, lorsqu'il est activé, apporte l'harmonie (voir page 140 pour la méditation sur le Soleil et la Lune en harmonie). Le deuxième est le chakra du 5e œil, *lalata* en sanskrit, situé au sommet du front. Le mouvement New Age l'appelle souvent chakra angélique. Pleinement activé, il permet de devenir maître de son propre destin, mais aussi d'avoir jour après jour d'intenses contacts angéliques.

Le chakra angélique résonne naturellement avec le lilas très pâle. C'est le Rayon violet de transformation spirituelle parfaitement imprégné du Rayon blanc de la pureté spirituelle.

L'Archange Tzaphkiel est l'ange de la contemplation profonde de Dieu, représentant l'aspect divin féminin de la création. Tzaphkiel maintient toutes les choses et offre des aperçus des autres réalités. Grâce à la foi, ses bénédictions améliorent la compréhension en conférant la sagesse bonifiant la croissance spirituelle. L'Archange Tzaphkiel chasse tout ce qui n'a pas de signification pour le développement spirituel. Il aiguise la perception et le discernement et accroît le mysticisme en contribuant à l'épanouissement complet du côté féminin de la nature humaine.

Le délicat Rayon lilas de l'Archange Tzaphkiel permet d'accéder à la direction angélique.

Associations physiques. Équilibre et harmonise l'ensemble du corps physique. Élimine les blocages et atténue le mal de tête de tension.

Associations émotionnelles et mentales. Diminue la nervosité, l'irritabilité et l'inquiétude. Utilisé pour le travail de profonde guérison émotionnelle, apporte la paix au mental troublé. Le lilas élimine les pensées, les impressions et les marques laissées par d'autres personnes. Favorise l'objectivité et la concentration. Aide à se libérer des dépendances et des traits de caractère les favorisant.

Cependant, il le fera uniquement si l'individu demande à renaître sur un nouveau plan de conscience où son cœur s'ouvrira complètement et la pureté de son âme se manifestera.

Associations spirituelles. Aide les voyages, intérieur et extérieur, les états modifiés de réalité, la méditation profonde. Porte vers l'inconnu, connecte avec le domaine angélique. Dissipe le malaise spirituel et les modèles karmiques anciens.

Les rayons transmutants de la quatrième dimension

L'Archange Melchisédech aide à développer le "corps de lumière" ou le "corps de lumière Merkavah" au cours du processus de quête de l'illumination. Les personnes désireuses d'élever leur vibration grâce aux pratiques spirituelles s'embarquent dans un "processus d'ascension".

Les anges des Rayons, les sept archanges, dirigent la force vitale de Dieu vers le développement du système tridimensionnel de chakras.

Là, on commence à développer les chakras et à devenir plus conscient spirituellement (la quatrième dimension). Au lieu d'exister comme un être physique connaissant à l'occasion une expérience spirituelle, on s'identifie à sa véritable nature. En évoluant spirituellement, le corps physique et le système tridimensionnel de chakras évoluent aussi, tout comme la fréquence – l'individu devient un "travailleur de lumière", autrement dit une personne consciente de son objectif spirituel supérieur.

Ces personnes conscientes des domaines spirituels des anges ne sont pas matérialistes et cherchent à guérir les autres, eux-mêmes et l'environnement en se

L'Archange Melchisédech aide le long de la voie du développement spirituel.

servant d'une énergie de guérison subtile. Elles réalisent le caractère interconnecté de toute vie et le fait que l'autoguérison et la prise de conscience de soi sont non seulement la voie vers sa propre libération spirituelle, mais aussi vers la libération de toute vie douée de sensibilité.

Cette évolution spirituelle amincit le voile entre les dimensions. Les rayons transmutants du système quadridimensionnel de chakras entrent en jeu lorsqu'il s'agit de devenir pleinement conscient des dimensions supérieures et d'activer le "corps de lumière Merkavah". Cette méditation fait descendre les rayons transmutants de la quatrième dimension pour ancrer les rayons des chakras quadridimensionnels dans le corps physique tridimensionnel.

Melchisédech est l'ange qui assiste le processus et le supervise. Les couleurs sont différentes, car il s'agit des rayons transmutants des chakras utilisés pour le développement spirituel.

Rayons transmutants, couleurs et propriétés

Chakra	*Troisième (3e)*	*Rayon transmutant (4e)*	*Propriétés du rayon*
Racine	*Rouge*	*Blanc*	*Purification, résurrection*
Sacré	*Orange*	*Violet*	*Liberté, pardon*
Plexus solaire	*Jaune*	*Rubis*	*Dévotion, paix*
Cœur	*Vert*	*Rose*	*Adoration, amour divin*
Gorge	*Bleu*	*Indigo*	*Mystère, miracles*
3e œil	*Indigo*	*Vert émeraude*	*Vision divine*
Couronne	*Violet*	*Blanc doré*	*Illumination, sagesse*

Méditation pour ancrer les rayons du chakra quadridimensionnel

Objectif *Faire descendre les rayons transmutants de la quatrième dimension et les ancrer dans le corps physique tridimensionnel et le système tridimensionnel de chakras*

L'Archange Melchisédech transmet à l'humanité la "Clé du royaume" codée dans les ondes lumineuses pénétrant dans le corps humain. Pour devenir conscient des dimensions supérieures, on peut utiliser cette méditation pour faire descendre les rayons transmutants du système quadridimensionnel de chakras.

COMMENT PRATIQUER LA MÉDITATION

PROCÉDURE

1 Asseyez-vous confortablement sur une chaise. Fermez les yeux. Commencez à respirer à fond, en relaxant consciemment chaque partie de votre corps.

2 Une fois détendu, évoquez l'Archange Melchisédech, le gardien du Rayon blanc doré, afin de guider, de protéger et de superviser le processus. Demandez-lui de faire descendre dans l'ordre les rayons transmutants quadridimensionnels, depuis le chakra racine vers le chakra couronne.

3 En partant du Rayon blanc, laissez-le remplir le chakra racine. Permettez à l'énergie de circuler à son propre rythme, n'essayez pas de la contrôler, laissez-la trouver son point d'équilibre. Une fois tous les mouvements énergétiques arrêtés, vous êtes prêt à recevoir le rayon suivant.

4 Le Rayon violet du chakra sacré descend et remplit ce centre énergétique. Comme précédemment, laissez le processus trouver son équilibre. Une fois tous les mouvements énergétiques arrêtés, vous êtes prêt à recevoir le rayon suivant.

5 Continuez avec le Rayon rubis du chakra du plexus solaire, le Rayon rose du chakra du cœur, le Rayon indigo du chakra de la gorge, le Rayon vert émeraude du chakra du 3e œil et le Rayon blanc doré du chakra couronne. À la descente de chaque rayon, vous percevez le développement du chakra correspondant.

6 Le processus achevé, concentrez-vous sur l'absorption de la lumière blanche dorée de Melchisédech pour purifier, harmoniser et intégrer tous les canaux de l'énergie subtile, votre labyrinthe personnel. La pratique de la circulation de la lumière blanche dorée de Melchisédech accroît la lumière intérieure (illumination spirituelle), débouchant sur une sensibilité accrue et une conscience de tout, de nature mystique.

Méditation des rayons transmutants de la cinquième dimension

Objectif *Développer des dons spirituels accrus et comprendre les vibrations raffinées de l'énergie subtile, accessibles aux personnes en quête de spiritualité*

Une fois le système quadridimensionnel de chakras ancré et développé, on passe à la méditation suivante, qui fait venir les rayons transmutants de la cinquième dimension et les ancre dans le corps physique et le système tridimensionnel de chakras.

La cinquième dimension, située juste au-delà de la quatrième, a une vibration plus subtile. La fréquence de l'énergie devient de plus en plus subtile et raffinée avec le passage aux dimensions supérieures. À mesure qu'on devient conscient de ces dimensions, on acquiert une meilleure compréhension de la nature de l'univers, on développe des dons spirituels accrus et on fait un pas de plus sur la voie de l'ascension, qui rapproche de Dieu.

COMMENT PRATIQUER LA MÉDITATION

PROCÉDURE

1 Asseyez-vous confortablement sur une chaise. Fermez les yeux.

2 Invoquez l'Archange Métatron, gardien du Rayon blanc brillant, pour direction et protection. Demandez-lui de faire descendre dans l'ordre les rayons transmutants pentadimensionnels, depuis le chakra racine au chakra couronne. À mesure de cette descente, percevez-les grandir dans le chakra correspondant.

3 Le processus achevé, concentrez-vous sur l'inspiration de la lumière blanche adamantine de l'Archange Métatron pour purifier, harmoniser et intégrer tous vos canaux énergétiques subtils. À mesure que vos chakras intègrent pleinement les informations, sentez-vous entouré d'une foule d'anges.

Rayons transmutants de la cinquième dimension

Chakra	*Troisième (3ᵉ)*	*Rayon transmutant (5ᵉ)*	*Propriétés du rayon*
Racine	*Rouge*	*Platine*	*Alignement divin*
Sacré	*Orange*	*Magenta*	*Créativité*
Plexus solaire	*Jaune*	*Or*	*Connexion*
Cœur	*Vert*	*Blanc*	*Conscience du Christ*
Gorge	*Bleu*	*Violet*	*Énergie canalisée*
3ᵉ œil	*Indigo*	*Blanc doré*	*Cerveau équilibrant*
Couronne	*Violet*	*Clair*	*Illumination, sagesse*

Couleurs de l'environnement naturel

Archange Sandalphon

Couleur *Couleurs de la nature* • **Point d'intérêt** *Conscience environnementale – responsabilité personnelle et globale* **Chakra** *Étoile terrestre – situé en dessous des pieds – la profondeur varie d'une personne à une autre, selon le degré d'ancrage dans la pratique spirituelle*

La nature offre toute la palette des couleurs dans sa multitude d'arbres, de plantes, de fleurs et de cristaux. Lorsqu'on se sert de ces couleurs pour se guérir soi-même ainsi que l'environnement, on s'accorde naturellement à l'énergie de l'Archange Sandalphon, gardien de la Terre et responsable du bien-être du genre humain. Sandalphon s'occupe de la guérison de la Terre et de la guérison à distance.

Selon S. L. Mathers (*Greater Keys of Solomon)*, Sandalphon est le "chérubin féminin à gauche de l'arche". Il est tenu pour un ange très "svelte", le jumeau divin de l'Archange Métatron. Ils sont l'alpha et l'oméga, le commencement et la fin. Leur présence rappelle aussi l'expression ésotérique "ce qui est en haut est comme ce qui est en bas".

Associations physiques. Intensifie le *prana* (force vitale) et favorise la vitalité physique. Aide à intégrer l'énergie curative dans le corps physique, processus vital pour le maintien de la stabilité et de l'équilibre. Souvent, l'énergie curative n'est pas totalement

L'Archange Sandalphon utilise les couleurs de la Mère Nature pour nous guérir, nous et notre monde.

acceptée et assimilée, donc elle se dissipe et n'offre pas de bénéfice durable. Fortifie le système immunitaire. Aide les enfants à exprimer leur imagination.

Associations émotionnelles et mentales. Accroît le *prana* qui favorise la clarté mentale et la perspicacité. Insuffle et entretient la maturité émotionnelle. Permet de "voir" l'essence du problème et d'assumer la responsabilité pour ses propres actions et émotions. Atténue par ailleurs le stress et la dépendance excessive des gens, de l'alcool, du tabac, etc.

Associations spirituelles. Ancre dans la pratique spirituelle. Les chamans et les personnes travaillant avec l'énergie s'en servent. Unifie en éliminant l'énergie d'aliénation et de fragmentation.

Méditation sur la manière dont la nature utilise la couleur

Objectif *La connexion via l'Archange Sandalphon à la Terre – ce qui purifie la connexion à la Terre et renouvelle le corps physique en accroissant le prana – aide à développer une spiritualité ancrée, une conscience environnementale et un sens de responsabilité personnelle et globale*

Travailler avec l'Archange Sandalphon implique d'avoir du respect pour toute la vie de la Terre. C'est la voie chamanique vers l'illumination. L'Archange Sandalphon éveille de l'état de transe dans lequel on vit. La plupart des gens voient une réalité teintée par l'illusion, le souvenir, le conditionnement, l'expérience.

Pleinement activé, le chakra étoile terrestre apparaît au regard clairvoyant comme une hématite noire scintillant d'arcs-en-ciel.

COMMENT PRATIQUER LA MÉDITATION

PROCÉDURE

1 Préparez et consacrez un espace pour la méditation (voir pages 18 et 19).

2 Asseyez-vous confortablement sur une chaise à dossier droit, pieds à plat sur le plancher ; si vous le pouvez, asseyez-vous en tailleur sur le plancher.

3 Évoquez l'Archange Sandalphon pour bénir, protéger et superviser la méditation.

4 Visualisez des racines partir du chakra racine situé à la base de votre colonne vertébrale, si vous êtes assis sur le plancher, ou de la plante de vos pieds, si vous êtes assis sur une chaise.

5 Laissez ces racines vous connecter avec le chakra étoile terrestre ; voyez-le se mettre à rougeoyer et à pulser, chargé de force vitale.

Stonehenge est un site magique où les anciens célébraient le changement des saisons.

6 Laissez vos racines descendre plus profondément dans la Terre. Envoyez-les de plus en plus loin, jusqu'à ce qu'elles atteignent le cristal situé au centre même de la Terre. Ce cristal éthérique est formé de carbone – c'est un diamant éblouissant renfermant toutes les couleurs imaginables.

7 Faites monter cette énergie adamantine à travers vos racines et sentez-la s'élever de plus en plus, jusqu'à ce qu'elle touche le chakra étoile terrestre. Celui-ci se mettra à scintiller de toutes les couleurs imaginables.

8 Laissez l'énergie circuler dans votre corps physique, sentez-la en nourrir chaque cellule, jusqu'à ce que la lumière multicolore le remplisse d'un bout à l'autre.

9 Accordez-vous assez de temps pour revenir lentement à la normale.

Rayons métalliques

Rayon argenté. Ce rayon a une nature féminine (yin), apaisante et réconfortante. Il se rapporte aux énergies lunaires de l'Archange Auriel et aux anges de la Lune. Le Rayon argenté permet de se voir sous une lumière différente. Il illumine et reflète l'énergie : il est fluide, doux, accommodant, un tranquillisant naturel. Le Rayon argenté aide à équilibrer les fluides du corps, ainsi que les hormones féminines, et gouverne le côté droit du cerveau. Favorise l'utilisation de l'intuition, analyse les sentiments et les instincts.

Rayon doré. Puissant et masculin (yang) par nature, le Rayon doré se rapporte à l'énergie du Soleil et aux anges solaires. Le Soleil a des effets physiologiques positifs sur les humains, les faisant se sentir heureux lorsqu'ils sont baignés par sa chaleur. Ce rayon purifie les énergies parasites et stoppe l'énergie extérieure indésirable, l'empêchant d'influencer les

On porte de l'ambre (résine fossilisée) serti dans de l'argent pour attirer les effets du Rayon argenté, qui équilibre, éclaire et reflète l'énergie.

individus, de les corrompre. Il aide aussi à agir de façon appropriée lors des situations régies par l'hémisphère gauche, exigeant logique et réflexion systématique.

Cristaux sertis dans de l'argent et de l'or – l'argent reflète le principe féminin, l'or, le masculin.

Rayon cuivré. Par nature très féminin, mais différent de l'argent, le Rayon cuivré est l'aspect primal dynamique, vigoureux, de la psyché féminine. Il véhicule les énergies de renouvellement, de créativité, de naissance et de matrice. Ce rayon permet de traduire les rêves et les désirs à la réalité, particulièrement en s'accordant à l'énergie de la grande Terre Mère. Il renferme les souvenirs anciens et un pouvoir créatif au-delà de la compréhension humaine, favorise la prise de décisions importantes qui donnent vie aux rêves.

Rayon de platine. Masculin par nature, mais d'une manière différente de l'or, le Rayon de platine soigne l'aspect masculin de la personnalité. Il aide à surmonter la colère, libère les émotions ardentes refoulées, transforme l'agressivité concurrentielle en coopération paisible. Très perçant, pénétrant, concentré et pur, ce rayon renvoie l'énergie négative agressive à sa source et expose le mensonge. Très purifiant pour le système énergétique humain et l'environnement, enseigne les savoir-faire nécessaires pour s'épanouir dans le chaos.

Méditation sur le Soleil et la Lune en harmonie

Objectif *Harmoniser les aspects masculin et féminin – équilibrer les hémisphères cérébraux droit et gauche pour activer le chakra du 4e œil*

Cette méditation semble compliquée, car on doit se concentrer d'abord sur le chakra sacré, puis faire monter l'énergie créée (la force de vie) le long de la colonne vertébrale spirituelle (canal énergétique subtil qui va du périnée au sommet de la tête) jusqu'au chakra du 4e œil situé sur le front juste au-dessus du chakra du 3e œil. Là, on visualise un disque lunaire argenté sur l'œil gauche et un disque solaire sur l'œil droit.

Le Rayon argenté se rapporte aux énergies lunaires de l'Archange Auriel et des anges de la Lune, tandis que le Rayon doré se rapporte à l'énergie de l'Archange Camael et des autres anges solaires.

La Lune est notre voisine céleste la plus proche. Elle influence les marées de la Terre.

COMMENT PRATIQUER LA MÉDITATION

PROCÉDURE

1 Invoquez les Archanges Camael et Auriel pour bénédictions et protection. Asseyez-vous confortablement en posture de méditation.

2 Concentrez votre attention sur votre chakra sacré (votre pelvis) et imaginez-le s'emplissant d'énergie vitale sur chaque inspiration. En inspirant à fond, tirez le souffle dans le ventre en dilatant et en faisant ressortir les muscles ; en expirant, rentrez le bas-ventre.

3 Une fois cette énergie générée (qui donne l'impression d'un ballon orange gonflé), utilisez le pouvoir de votre intention (volonté) pour la laisser monter en spirale vers le chakra du 3e œil.

4 Maintenez votre intérêt concentré sur le chakra du 3e œil et devenez conscient du chakra du 4e œil. Visualisez un disque lunaire argenté sur l'œil gauche physique, un disque solaire doré sur l'œil droit physique.

5 Laissez ces deux disques s'harmoniser et s'équilibrer. Ce faisant, ils se transforment en un disque central d'un blanc doré placé sur votre chakra du 4e œil.

6 Maintenez cette énergie harmonieuse tant que vous le voulez.

7 Pour terminer la méditation, laissez cette énergie harmonieuse circuler à travers tous vos canaux énergétiques subtils et l'aura (les purifier). Accordez-vous le temps de revenir à la conscience normale.

Méditation sur la créativité et l'harmonie de l'âme

Objectif *Harmoniser la créativité avec l'objectif de l'âme en vue de la réincarnation*

Souvent, on ne trouve pas sa véritable voie parce qu'on a été orienté à un âge tendre vers telle ou telle profession. Une fois le vrai talent créatif découvert, la vie se déroulera sans heurts. À des époques de stress, de dépression ou de désespoir, les gens invoquent l'aide des anges. L'assistance angélique peut suggérer un changement radical de vie. Peut-être a-t-on l'âme d'un peintre, d'un concepteur, d'un écrivain ou d'un poète. Peut-être désire-t-on voyager, vivre dans un pays différent ou vivre plus près de la terre et faire pousser ses propres légumes. Tout est possible ; il ne faut pas laisser sa peur tuer son âme, mais laisser ses rêves se manifester et regarder arriver les miracles.

COMMENT PRATIQUER LA MÉDITATION

IL VOUS FAUT

Crayon ou stylo ou papier

PROCÉDURE

1 Faites appel à l'Archange Uriel pour bénédictions, protection et supervision du processus. Demandez à être éclairé sur votre chemin de vie et cherchez la mission de votre âme incarnée dans la vie présente.

2 Asseyez-vous confortablement en posture de méditation, crayon et papier à portée de main pour noter les informations que vous recevez. Concentrez-vous sur votre respiration pour vous détendre.

3 Massez votre chakra du plexus solaire, devant et derrière, par des mouvements circulaires dans le sens des aiguilles d'une montre, jusqu'à percevoir une forte sensation picotante.

4 Déplacez votre conscience vers le chakra couronne situé au sommet de la tête et visualisez une belle sphère de lumière dorée pénétrant dans votre point couronne. Cette sphère de lumière vous est envoyée par l'Archange Uriel.

5 Déplacez la sphère dorée vers votre chakra du plexus solaire. Absorbez cette sphère dorée.

6 Quand vous êtes prêt, notez exactement quel est votre véritable chemin dans la vie, tel que vous le percevez. Il est très important de ne pas changer ou modifier ce que vous percevez. Laissez les mots couler sur le papier.

7 Remerciez l'Archange Uriel pour votre nouvelle vie céleste ! Accordez-vous un peu de temps pour revenir à la conscience normale.

Certains arbres ont des associations planétaires spécifiques et sont utilisés pour la guérison. Le chêne est utilisé pour la force.

Méditation sur la flamme violette de transformation

Objectif *Transformer les énergies inférieures en énergie positive*

Cette méditation exploite l'aide angélique de l'Archange Zadkiel, gardien de la flamme violette de transformation. Lorsqu'on invoque cette flamme à la fréquence vibratoire la plus élevée, elle apporte la liberté et la joie de l'âme en affranchissant du comportement, des concepts et des miasmes karmiques limitatifs (voir page 270), y compris des souvenirs des vies antérieures ramenés dans la vie présente.

Cette flamme purifie les chakras, les débarrassant des dépendances et des traits de ce genre. Elle amplifie les énergies de guérison et l'énergie spirituelle. Dirigée par l'Archange Zadkiel, elle élimine les énergies stagnantes engendrées par la colère, la haine, l'amertume, la jalousie, l'intolérance, le blâme, la peur et la culpabilité. En outre, elle confère protection contre les excès et les miasmes subsistant dans le corps émotionnel.

La couleur violet est la porte vers les domaines invisibles. Purifie les chakras.

COMMENT PRATIQUER LA MÉDITATION

PROCÉDURE

1 Asseyez-vous en posture de méditation et concentrez-vous sur la respiration en relaxant le corps.

2 Une fois détendu, appelez l'Archange Zadkiel, en disant : "Archange Zadkiel, dirige l'énergie de la flamme violette de transformation dans toutes les zones de mon corps et de mon aura jusqu'à ce que je sois purifié de toute négativité et que je me tienne dans ma puissante présence JE SUIS."

3 Relaxez-vous et laissez-vous envelopper de l'énergie puissante de la flamme violette. Profitez de cette magnifique expérience en sentant votre corps et votre aura baignés et purifiés en douceur au fil et à mesure que la flamme violette transforme la négativité et nettoie toutes les zones de votre mental, corps et aura. Percevez-la purifier instantanément tous les chakras, réduisant les dépendances et les traits les favorisant.

4 Sentez-la décomposer et transformer les énergies bloquées ou stagnantes. Laissez-la calmer votre mental et activer l'étincelle intérieure divine, ce qui soutient la croissance spirituelle et transmue le karma négatif.

5 Quand vous voyez diminuer la flamme violette, la méditation est achevée. Accordez-vous assez de temps pour revenir à la normale.

Les bougies violettes favorisent le développement spirituel et confèrent protection contre les entités astrales inférieures.

Méditation sur la flamme rose de l'étoile du cœur

Objectif *Invoquer l'Archange Chamuel et les anges d'amour pour développer le chakra du cœur*

Cette méditation développant le chakra du cœur est vitale pour établir un contact solide et véritable avec les anges et communiquer avec eux sur un plan supérieur de conscience. L'Archange Chamuel s'occupe des relations amoureuses. La méditation crée naturellement un canal pour la circulation des forces angéliques, permettant à la conscience de fusionner sans effort avec elles. Une musique apaisante et une bougie rose intensifient cette méditation.

Cœur en quartz rose, symbole d'amour éternel.

Le symbole traditionnel du chakra du cœur est le lotus à 12 pétales, dont le centre renferme deux triangles entrecroisés, appelés *trikonas* en sanskrit, formant une étoile parfaite à six branches. L'étoile du cœur symbolise l'esprit descendant dans la matière et la matière montant vers l'esprit. C'est "l'étoile" qu'on active dans son cœur pendant cette méditation. Le son hindou traditionnel *(bija)* pour le chakra du cœur est le mantra "YAM". Utilisez-le pour activer l'étoile du cœur durant la méditation.

COMMENT PRATIQUER LA MÉDITATION

IL VOUS FAUT

Bougie rose
Musique angélique apaisante

PROCÉDURE

1 Allumez la bougie et faites jouer la musique apaisante.

2 Asseyez-vous confortablement en posture de méditation. Concentrez-vous sur votre respiration, laissez le corps se relaxer. L'expiration est un peu plus longue et lente que l'inspiration.

3 Laissez l'ouverture et l'acceptation vous traverser.

4 Permettez à votre conscience de transcender le plan terrestre.

5 Invoquez l'Archange Chamuel et les anges d'amour pour qu'ils vous entourent de leur lumière rose sanctifiée. Sentez l'atmosphère autour de vous devenir chaleureuse et intime.

6 Touchez doucement le chakra du cœur avec votre main gauche. Voyez s'ouvrir ses 12 pétales et apercevez votre autel intérieur (le point de conscience le plus sacré).

7 Au centre de votre autel, apercevez la flamme rose de votre cœur. Commencez à entonner le mantra “YAM”.

8 Invitez les anges d'amour dans votre cœur, regardez la flamme devenir une belle étoile rose dorée à six branches. Laissez cette merveilleuse énergie circuler à travers votre corps et votre aura, puis regardez-la aller vers le monde, en envoyant de l'amour à tous ceux désireux de le recevoir.

9 Accordez-vous le temps de revenir à la conscience normale.

MÉDITATIONS ANGÉLIQUES

Posture de méditation

On peut s'asseoir en tailleur sur le sol, la colonne vertébrale et le cou droits mais pas raides, spécialement si on médite pendant de longues périodes. Un petit coussin ferme soutient la base de la colonne, permettant au flux psychique de circuler sans entrave jusqu'au sommet de la tête.

On peut également s'allonger sur le plancher sur le dos, bras et jambes relaxés le long du corps, en se couvrant d'une couverture légère, si nécessaire.

On peut s'asseoir sur une chaise à dossier droit, pieds à plat sur le plancher, mains reposant sur les genoux, paumes tournées vers le haut. La tête ne doit pas tomber en avant pour que la respiration ne soit pas entravée.

S'ancrer. Certains aiment s'ancrer avant et après la méditation, car cela leur offre une perception plus claire de l'expérience et leur permet de mieux se contrôler. Assis sur une chaise, on s'ancre en plaçant les pieds à plat sur le plancher puis en visualisant de fortes racines sortant de la plante des pieds et plongeant dans le sol. Assis en posture classique de méditation, on visualise des racines descendant de la base de sa colonne dans les profondeurs de la Terre Mère.

Asseyez-vous, pieds à plat sur le plancher, mains sur les genoux, colonne vertébrale bien droite.

Espace de méditation

Toute personne a besoin d'un espace la préservant du monde extérieur. L'espace de méditation doit être confortablement chaud mais bien aéré, surtout si on se sert de bougies ou d'encens. Il doit être propre et simple, ce qui améliorera la concentration. Les couleurs sont très importantes pour l'ambiance de la pièce où on médite – la plupart préfèrent la simplicité classique du blanc. Un autel angélique sera un point focal spirituel utile, tout comme des objets venant de la nature, tels que les cristaux.

Il est préférable de méditer toujours à la même heure, au même endroit – les meilleurs moments sont l'aube et le crépuscule. L'installation doit être confortable, avec des coussins, des tapis, même une chaise. La température doit être douillette – si nécessaire, une couverture est à portée de main. Il faut s'assurer de ne pas être dérangé pendant la méditation – durant au minimum une heure.

Cercle sacré. Certains tracent un cercle sacré pour la méditation afin de se protéger contre les énergies indésirables de l'extérieur. Quatre bougies (dans des bougeoirs solides) sont placées dans les quatre directions cardinales. Le cercle peut être délimité avec davantage de bougies ou des bougies des couleurs correspondant à l'ange avec lequel on travaille.

Les cristaux peuvent remplacer les bougies ou leur être associés. Certains aiment se tenir au centre et tracer un cercle de lumière avec le doigt ou avec un quartz clair – dans le sens des aiguilles d'une montre pour le tracer, dans le sens contraire pour le fermer. Attention au danger d'incendie.

Préparation

Lorsqu'une pièce (ou un coin de celle-ci) a été consacrée comme espace sacré, les préparations pour la méditation peuvent commencer. Voici quelques suggestions :

- On allume une bougie de la couleur appropriée.

- On purifie l'espace énergétique avec de l'encens, des aérosols angéliques ou un diffuseur d'huiles essentielles.

- On place une goutte d'huile essentielle sur les paumes, qu'on frotte l'une contre l'autre. En inspirant cette fragrance, on sera transporté dans un état modifié de conscience.

- Les fleurs sont des offrandes énergétiques très appropriées pour les anges, qui aiment aussi les clochettes. Faire résonner une clochette au commencement et à la fin d'une méditation est une manière de reconnaître ce temps sacré.

- On fait jouer de la musique angélique.

- On tient un cristal angélique – séraphinite, angélite, célestite, quartz vert de Sérifos, quartz aura angélique.

- On purifie son corps en prenant un bain ou une douche et en enfilant des vêtements propres, pour se sentir plus réceptif et en harmonie avec les anges.

- Les vêtements larges en coton sont confortables et laissent toute liberté de mouvement. Il est préférable de les réserver à la méditation, pour signaler au subconscient que la pratique

Purifiez votre espace de méditations en vaporisant un peu d'essence de lumière angélique ou allumez une bougie de couleur appropriée.

commence à chaque fois qu'ils sont portés.

- Les tissus synthétiques sont à éviter, car ils perturbent la circulation de l'énergie dans les méridiens et maintiennent la négativité dans le système énergétique. Les vêtements noirs, sombres, ternes, interfèrent avec la méditation en abaissant le taux vibratoire.

- On pratique la clarté mentale en écartant les "débris psychologiques" et en visant un but précis.

Plus on se prépare à la méditation, plus on s'accorde rapidement au domaine angélique. Une fois habitué à communiquer avec ses anges, on atteint immédiatement son centre du cœur et on peut consulter les anges plusieurs fois par jour.

Accord angélique

Cette méditation met en contact avec son ange gardien et permet de s'ouvrir à lui, relation qui conduit sur la voie de l'illumination.

COMMENT PRATIQUER LA MÉDITATION

PROCÉDURE

1 Asseyez-vous dans une position confortable de méditation. Détendez votre corps en vous concentrant sur la respiration.

2 Une fois détendu, imaginez respirer l'énergie montant et descendant la colonne vertébrale.

3 Sur l'inspiration, faites monter l'énergie de la Terre du chakra racine au chakra couronne. Sur l'expiration, faites descendre l'énergie spirituelle du chakra couronne vers le chakra racine. Cette respiration élimine les blocages énergétiques.

4 Une fois cette technique maîtrisée et votre colonne vertébrale “spirituelle” vous donnant une sensation de netteté, faites monter l'énergie le long de votre dos en inspirant et envoyez-la au Ciel. Accompagnez-la de gratitude pour tout ce qui est bon dans votre vie. En ce faisant, imaginez un ciel couvert de nuages, que transperce un rayon de lumière blanche brillante qui éclaire votre tête.

5 Absorbez cette lumière brillante à travers le sommet de la tête. C'est votre lien avec les anges.

6 Permettez à la lumière céleste de se déverser dans votre corps, sentez-la nourrir chaque cellule.

7 Acceptez les bénédictions angéliques qui vous sont offertes. Percevez cette énergie positive traverser votre corps. Laissez-la vous baigner, intérieurement et extérieurement.

8 Concentrez-vous maintenant sur votre chakra du cœur, où les anges se connectent le plus étroitement avec vous ; visualisez-le en rose.

9 Laissez la conscience transcender les sens ordinaires et entrez dans un état de conscience accrue. C'est votre lien avec un monde infini de sagesse angélique.

10 Le moment est venu d'entrer pleinement en contact avec votre ange gardien. Lancez du tréfonds de votre cœur, demeure de votre étincelle divine, votre désir qu'un ange vous serve de guide.

11 Sentez-le se rapprocher, percevez le changement en vous liant à la conscience supérieure des mondes angéliques.

12 Imaginez votre ange se tenant à vos côtés et vous entourant de ses ailes. Ressentez l'amour sans conditions qu'il dirige vers vous.

13 Demandez le nom de l'ange, ainsi qu'à être guidé, restez tranquille et attendez patiemment la réponse.

14 Pour achever la session, revenez à la réalité quotidienne.

Méditation sur les ailes des anges

Les personnes qui s'accordent souvent au domaine angélique développent une aura spirituelle, apparaissant au regard clairvoyant comme des ailes de lumière. Une fois déployées, les ailes angéliques ont nombre d'utilisations. Elles accordent instantanément la personne au monde angélique et diminuent le taux vibratoire, ce qui permet de laisser derrière soi ses problèmes. On peut s'envelopper de ces ailes pour s'offrir réconfort et protection contre les énergies nuisibles.

Les ailes, rayonnement de l'étincelle divine de lumière demeurant dans le chakra du cœur, diffèrent d'une personne à une autre. Certaines ont l'air de plumes, d'autres paraissent tissées en fibres éthérées de lumière stellaire. Certaines sont immenses, s'étendant sur toute la longueur de l'échine (généralement, signe que tous les chakras situés là sont équilibrés). Ces ailes peuvent se déployer au-delà des pieds et au-dessus de la tête.

Certains perçoivent leurs ailes angéliques comme des plumes blanches, les ailes d'autres sont tissées de fibres pareilles à la lumière des étoiles.

COMMENT PRATIQUER LA MÉDITATION

Cette méditation est mieux pratiquée debout.

PROCÉDURE

1 Tenez-vous debout, pieds nus sur le plancher.

2 Levez les bras légèrement au-dessus de vous et visualisez vos pieds s'appuyant fermement sur la terre, votre tête dans le Ciel le plus haut. Percevez votre corps connectant le Ciel et la Terre.

3 Étirez les doigts vers le haut et percevez les mains de votre ange gardien descendre sur vous ; laissez-les se placer sur les vôtres. L'expérience est particulière. Profitez de ce contact pendant quelques instants, à mesure qu'il ouvre votre chakra du cœur.

4 Lorsque vous êtes prêt, laissez vos ailes angéliques pousser entre vos omoplates. Sentez-les se déployer. Éprouvez la sensation qu'elles laissent et voyez leur aspect.

5 Laissez vos ailes se déployer complètement. Quelle que soit la sensation, laissez votre corps s'adapter à cette expérience – être doté d'ailes. Souvent, à mesure que votre vibration s'intensifie et que vous vous habituez à avoir des ailes, vous percevrez une modification de votre énergie globale.

6 Essayez de bouger vos ailes.

7 Demandez une bénédiction pour vos ailes.

Déployez vos ailes et enveloppez-vous d'elles pour être protégé. À mesure que vous vous familiarisez avec elles, vous percevrez peut-être une modification de l'équilibre.

Méditation du nimbe angélique

La méditation commence à activer les chakras transcendantaux situés au-dessus de la tête. Cela commence par le chakra étoile de l'âme, appelé aussi "siège de l'âme" ou chakra nimbe. Situé à une largeur de main au-dessus de la tête, on s'y réfère parfois comme au huitième chakra. Il renferme des informations concernant l'âme de l'individu ; une fois ce premier chakra transcendantal activé, on se définit automatiquement soi-même à travers la *gnosis* (illumination) plutôt que par rapport à une religion et un dogme extérieurs.

Ce chakra est d'une blancheur lunaire ou cristalline. Lorsqu'il est complètement ouvert et activé, il se relie en spirale aux six autres chakras transcendantaux localisés sur une ligne au-dessus de la tête. Le chakra suivant, la Porte des étoiles, est le neuvième. Situé au point le plus haut que les mains peuvent atteindre au-dessus de la tête, il laisse l'impression d'une explosion d'énergie.

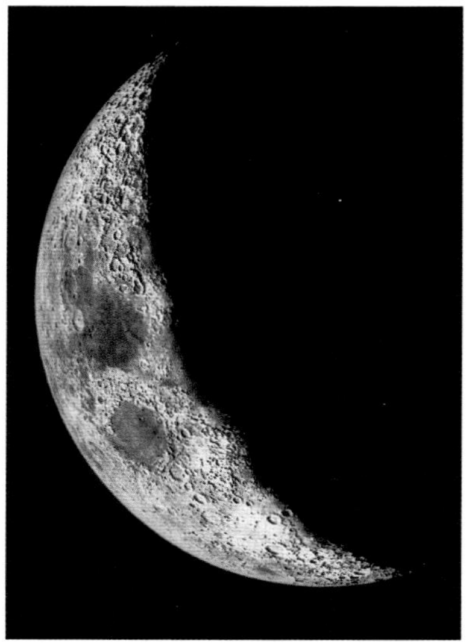

D'une blancheur lunaire, le chakra étoile de l'âme est situé juste au-dessus de la tête.

COMMENT PRATIQUER LA MÉDITATION

PROCÉDURE

1 Asseyez-vous en une position confortable de méditation. Détendez votre corps en vous concentrant sur la respiration.

2 Concentrez-vous sur votre chakra couronne et visualisez l'ouverture du lotus à mille pétales. Ceux-ci sont disposés de gauche à droite en 20 strates de 50 pétales chacune. Le chakra couronne, normalement violet lorsqu'il est ouvert, devient blanc. Le péricarpe est d'or pur.

3 Plongez le regard dans le tréfonds du chakra couronne ; voyez la sphère de la Lune émettre une lumière douce. Au centre de cette sphère il y a un triangle de lumière dorée, pointe vers le bas, renfermant un point de lumière rouge.

4 En regardant ce point rouge, vous verrez qu'il contient deux croissants de lune rouges (l'un au-dessus de l'autre). Un cercle blanc surmonte le premier, un cercle rouge de feu, le second. Un autre cercle blanc renfermant un point rouge de lumière et un point blanc de lumière les surmonte.

5 Au fil de la visualisation, devenez conscient d'une spirale de lumière sortant du chakra couronne et formant un nimbe de lumière claire comme le cristal autour de votre tête et au-dessus de celle-ci. Ceci active votre chakra nimbe.

6 Pour terminer la méditation, revenez à la réalité quotidienne.

Méditation du temple angélique

Archanges et leurs sphères d'influence

Archange Michaël – *Chargement en pouvoir, protection, force et vérité*
Archange Jophiel – *Sagesse, illumination et renouvellement énergétique*
Archange Raphaël – *Arts de guérison et connaissance scientifique*
Archange Haniel – *Travail avec des énergies de groupe, communication*
Archange Gabriel – *Direction, éveil et purification*
Archange Zadkiel – *Transformation et transmutation avec la flamme violette*
Archange Uriel – *Chemin de vie, paix et unité parmi les nations*
Archange Métatron – *Ascension et activation du corps de lumière*
Archange Chamuel – *Relations, amour, beauté et compassion*
Archange Melchisédech – *Conscience du Christ et évolution spirituelle*
Archange Séraphiel – *Nettoyage karmique et purification cosmique*
Archange Sandalphon – *Guérison de la Terre, prière et guérison à distance*
Archange Tzaphkiel – *Mère cosmique, contemplation, entretien*
Archange Raziel – *Père cosmique, mystères de l'univers*
Archange Auriel – *Divin féminin, magie lunaire, phases de vie*
Archange Muriel – *Travail avec les dauphins et autres créatures marines*

Chaque archange a une demeure spirituelle, un temple de lumière ancré dans les mondes éthériques situés au-dessus des divers vortex de "pouvoir" de la Terre. Ces temples ont été établis par la "hiérarchie spirituelle", sous la direction des archanges. Visant à aider l'individu sur la voie spirituelle, chacun a un objectif différent et chacun se rapporte à une "vertu cosmique" symbolisée par un archange particulier. La visite du temple pendant la méditation nourrit et inspire.

COMMENT PRATIQUER LA MÉDITATION

PROCÉDURE

1 Asseyez-vous en une position confortable de méditation. Détendez votre corps en vous concentrant sur la respiration ; ralentissez et approfondissez votre respiration, l'expiration plus lente que l'inspiration.

2 Appelez l'archange dont vous voulez visiter le temple et demandez que votre conscience y soit transportée pendant la méditation.

3 Sentez l'approche de l'archange appelé ; laissez-vous entourer de son énergie et être transporté vers sa "demeure spirituelle".

4 En arrivant au temple, dites ce que vous désirez étudier ou précisez par quoi vous voulez être inspiré et nourri.

5 Les archanges vous feront savoir quand il est temps de revenir à votre méditation et vous ramèneront en sécurité dans votre corps et à la réalité quotidienne.

Méditation de l'épée de l'Archange Michaël

Chaque archange possède un temple "ancré" dans le monde éthérique (voir pages 40 et 41). Le temple de lumière visité pendant cette méditation est la retraite de l'Archange Michaël, ancrée près de Lake Louise, au Canada.

COMMENT PRATIQUER LA MÉDITATION

PROCÉDURE

1 Asseyez-vous en une position confortable de méditation. Détendez votre corps en vous concentrant sur la respiration.

2 Une fois détendu, appelez l'Archange Michaël :

Puissant Archange Michaël, charge-moi de pouvoir. De par mon libre arbitre je choisis maintenant un chemin de vie de joie et de liberté. Si c'est approprié pour ma voie spirituelle, donne-moi l'épée de la liberté. Je te promets de l'utiliser seulement pour le plus grand bien de tous.

3 Sentez-vous enveloppé par l'énergie de l'Archange Michaël, laissez-vous élever par une spirale de lumière pure qui monte lentement de plus en plus haut. Vous êtes parfaitement en sécurité entre les bras angéliques.

4 Vous vous retrouvez dans le temple et êtes guidé vers la porte de la salle de l'épée.

5 L'Archange Michaël vous fait entrer dans cette pièce, où vous verrez rangée après rangée d'épées. Chacune est déjà assignée à ceux qui sont censés en devenir les porteurs, ceux qui acceptent de porter la flamme bleu saphir de la liberté. L'aspect de chaque épée est très distinct, comme l'est chaque être de cette planète. Chaque épée est cependant identique quant à l'autorité qu'elle véhicule, à la liberté et à la protection qu'elle offre.

6 L'Archange Michaël vous donne votre épée, gravée de son nom écrit en "langue de lumière". Il vous confère aussi l'autorité de l'utiliser. Un symbole secret spécial est placé dans votre champ énergétique. Ce symbole "cristallin" doit être équilibré là, sinon l'épée deviendra inutile.

7 L'Archange Michaël vous permettra de rester dans cette pièce autant que vous en avez besoin. C'est un moment très particulier sur votre voie d'évolution. Quand vous êtes prêt, il vous reconduira doucement dans votre corps.

Le temple de l'Archange Michaël est ancré quelque part près de Lake Louise, au Canada.

Découvrir son chemin de vie avec la méditation de l'Archange Uriel

Uriel est l'archange à appeler pour la paix intérieure et la tranquillité d'esprit. Le temple de lumière de l'Archange Uriel est situé dans les montagnes Tatra de Pologne (voir page 40). Il sauve l'individu de la confusion spirituelle en éclairant son chemin à travers la vie. Son symbole est l'éclair qu'il utilise pour susciter l'inspiration. Tous les gens sont nés avec un "don" spécial, la raison de leur incarnation. Chaque habitant de la planète a une place à part dans le schéma du monde et dans l'évolution de la Terre.

La puissante énergie de l'éclair symbolise la capacité d'Uriel à conférer l'inspiration.

COMMENT PRATIQUER LA MÉDITATION

PROCÉDURE

1 Asseyez-vous en une position confortable de méditation. Fermez les yeux et détendez votre corps.

2 Appelez l'Archange Uriel :

Archange Uriel, confère la paix à mon mental et à mon esprit. Dissipe tous les obstacles sur mon chemin spirituel en me montrant la véritable voie pour que j'accomplisse mon dharma.

3 Laissez-vous envelopper de l'énergie de l'Archange Uriel, qui vous fera monter dans une spirale de lumière rubis dorée. Vous vous élèverez lentement de plus en plus haut, en sécurité entre les bras angéliques vous conduisant au temple d'Uriel.

4 Lorsque vous êtes devant l'Archange Uriel, il vous demandera si vous voulez visiter la salle des manuscrits, où sont gardés des milliards de rouleaux, un pour chaque personne incarnée sur la planète. Le vôtre, écrit en "langue de lumière", renferme votre dharma, l'accord de votre âme conclu avant la naissance, sur un plan supérieur de l'être. C'est votre véritable chemin de vie.

5 L'Archange Uriel vous dira quand il faut partir et vous ramènera en sécurité dans votre corps.

Les montagnes Tatra de Pologne sont l'ancrage du temple de l'Archange Uriel.

Méditation des anges du matin

S'accorder aux anges du Soleil à l'aube de chaque jour aide à faire venir le bonheur dans sa vie et à apprécier les joies, les bénédictions et les plaisirs simples déjà présents dans votre vie.

L'Archange Michaël est l'ange le plus étroitement associé au Soleil, mais d'autres anges sont eux aussi attirés par une disposition joyeuse renouvelée quotidiennement. Cette méditation est conçue pour offrir équilibre et harmonie. Elle est quelque peu similaire au "Salut au Soleil", exercice de yoga activant et chargeant en énergie l'ensemble des chakras. Cette méditation doit être pratiquée lorsque les premiers rayons du Soleil bénissent la Terre de leur splendide naissance. Elle accorde l'harmonie au monde de l'individu et fait voir à celui-ci la beauté et la générosité de la Terre.

Appeler les anges du matin pour remplir votre corps d'optimisme et de joie pour le jour qui vous attend est similaire au "Salut au Soleil" yogique.

COMMENT PRATIQUER LA MÉDITATION

PROCÉDURE

1 Commencez par quelques minutes de respiration profonde.

2 Tenez-vous droit et joignez les paumes en position de la prière, devant le chakra du cœur.

3 Prenez quelques respirations profondes de plus et laissez votre corps se détendre. Soyez conscient de son poids et de vos pieds sur le plancher. Assurez-vous que ce poids est également distribué sur vos deux pieds et laissez vos genoux se détendre, pour que le corps ne soit pas raide et que votre énergie circule sans entrave.

4 Sur l'inspiration suivante, levez les bras (paumes toujours jointes) au-dessus de la tête. Inclinez-vous légèrement en arrière pour étirer votre colonne et regardez en l'air vers vos mains.

5 Sur l'expiration, penchez-vous en avant depuis les hanches pour toucher le plancher du bout des doigts ou de la main (fléchissez les genoux si nécessaire) et vous connecter à la Terre Mère.

6 Sur l'inspiration, redressez-vous de nouveau et ouvrez les bras – imaginez que vous enlacez le monde.

7 Sur l'inspiration suivante, laissez l'énergie des anges du Soleil remplir votre corps et votre aura de lumière, de chaleur et d'optimisme.

8 Baignez dans cette énergie aussi longtemps que vous le voulez. Percevez les bénédictions angéliques nourrissant chaque cellule de votre corps.

9 Quand vous êtes prêt, abaissez les bras le long du corps sur l'expiration.

Méditation des anges du soir

On termine la journée en accueillant les anges du soir. À mesure que le Soleil s'estompe, on demande aux anges de la Lune de placer leur manteau protecteur autour de soi, de la Terre et de tous les enfants de la planète. L'Archange Auriel, ange du destin, et l'Archange Gabriel, ange de la direction, sont les plus étroitement associés à la Lune. D'autres anges apportent aussi leurs rayons lunaires paisibles et leurs rêves d'inspiration. Les anges lunaires aident à entrer en contact avec l'inconscient et les souvenirs cachés, spécialement pendant le sommeil. Ils enseignent qu'en s'enfermant dans leur lumière on atteint le tréfonds de la psyché. Si elle n'est pas unifiée, celle-ci provoque la fragmentation de l'âme.

COMMENT PRATIQUER LA MÉDITATION

PROCÉDURE

1 Commencez par quelques minutes de respiration profonde.

2 Tenez-vous droit et joignez les paumes en position de la prière devant le chakra du cœur.

3 Prenez quelques respirations profondes de plus et laissez votre corps se détendre. Soyez conscient de son poids et de vos pieds sur le plancher. Assurez-vous que ce poids est également distribué sur vos deux pieds et laissez vos genoux se détendre, pour que le corps ne soit pas raide et que votre énergie circule sans entrave.

4 Sur l'inspiration suivante, ouvrez les bras pour enlacer les énergies de la Lune. Sentez votre corps inondé des énergies puissantes mais paisibles des anges de la Lune.

5 Demandez aux anges protection pendant la nuit. Si vous désirez faire des rêves significatifs, demandez qu'ils vous soient envoyés.

6 Sur l'inspiration suivante, levez les bras au-dessus de la tête et joignez les mains (paumes s'effleurant). Imaginez une sphère de lumière lunaire brillante entre vos mains – tenez-la délicatement et regardez-la devenir de la poussière lunaire scintillante.

7 Sur l'expiration suivante, descendez les bras en un mouvement circulaire et imaginez votre aura totalement recouverte de poussière lunaire scintillante.

Appelez les anges du soir pour protéger votre sommeil et inspirer vos rêves.

Méditation de l'accord des étoiles

Jadis, les gens pensaient que les étoiles veillaient sur eux, qu'elles étaient leur source divine. En s'accordant avec "son" étoile, on laisse les énergies des dimensions supérieures (codes de lumière du moi supérieur) pénétrer dans la mémoire cellulaire. Chaque étoile, comme chaque personne, a sa propre résonance. L'accord avec l'étoile conduit à l'union de la chair et de l'esprit. À mesure que la spirale de lumière blanche du cœur du Créateur s'accorde, elle ancre l'énergie dans le chakra du cœur, qui ouvre à son tour la conscience aux portes des étoiles des dimensions supérieures. (Une porte des étoiles est un passage vers une autre dimension ou réalité.) Beaucoup de personnes travaillant avec les anges envoient leur conscience à travers ces portes pour recevoir sagesse, compréhension et savoir supérieurs.

COMMENT PRATIQUER LA MÉDITATION

PROCÉDURE

1 Commencez par quelques minutes de respiration profonde.

2 Tenez-vous droit et joignez les mains en position de la prière au chakra du cœur.

3 Prenez quelques respirations profondes de plus et laissez votre corps se détendre. Soyez conscient de son poids. Assurez-vous qu'il est distribué en égale mesure sur les deux pieds et laissez vos genoux se détendre, pour que le corps ne soit pas raide et que votre énergie circule sans entrave.

4 Visualisez un ciel nocturne parsemé d'étoiles. Voyez les milliards d'étoiles scintillant au-dessus de vous. L'une semble plus brillante que les autres, c'est votre étoile. Plus vous la regardez, plus elle semble devenir brillante et lumineuse, plus éblouissante à chaque instant.

5 Levez les bras au-dessus de la tête et appelez les anges de lumière pour vous aider à faire venir les énergies de votre étoile.

6 Voyez la lumière venir en spirale vers vous. Voyez-la s'accorder avec les chakras transcendantaux situés au-dessus de votre tête. Faites descendre cette énergie en la guidant de vos mains. Laissez-la pénétrer dans votre chakra couronne et l'ensemble de votre corps.

7 Voyez-vous scintiller de lumière stellaire blanche. Percevez votre éclat.

8 Prenez plusieurs respirations profondes et devenez conscient du poids de votre corps physique. Commencez à bouger les orteils et les doigts, puis levez-vous et étirez-vous. Demandez à vos anges de vous ancrer, sceller, fermer et protéger comme il convient.

Vous accorder avec votre étoile aidera à ouvrir votre conscience aux portes des étoiles.

ANGES
DE DIVERSES CULTURES

Les anges de l'Ancien Testament et leurs sources

Les premiers textes connus mentionnant des êtres ailés sont zoroastriens. Le zoroastrisme (mazdéisme) est l'un des plus anciens cultes religieux du monde. Le prophète Zarathoustra, qui vivait vers le VIe siècle AV. J.-C. dans la région perse (l'actuel Iran) y a réformé les pratiques religieuses.

Le zoroastrisme occupe une place particulière dans l'histoire des religions en raison de ses liens formateurs tant avec les traditions occidentales qu'orientales. Il met l'accent sur le choix moral et voit la vie comme un combat entre les forces du bien et les forces du mal, représentés respectivement par *Ahura Mazda* et son antagoniste, *Angra Mainyu* satanique. Ahura Mazda a créé les *amesha spenta* ("immortels", "saints"), comparables aux archanges du christianisme. À sa gauche se tenaient les amesha spenta masculins, à sa droite, les amesha spenta féminins. Le zoroastrisme parle aussi de *yazata* ("vénérables"), sorte d'anges de rang inférieur. À son tour, Angra Mainyu est entouré d'une foule d'esprits malins dont les plus importants sont les cinquante *deva* ("démons").

Les anges de l'Ancien et du Nouveau Testament. Dans l'Ancien Testament, les anges sont les messagers de Dieu. Dans le Nouveau Testament, les anges sont présents lors de tous les événements essentiels de la vie de Jésus, depuis l'Annonciation (Luc 1:26-38) à la Nativité (Luc 2:8-14), puis à la Résurrection et à l'Ascension (Luc 24:6 ; Jean 20:12 ; Mathieu 28:6), agissant en tant qu'agents de Dieu sur la Terre.

Les représentations anciennes des êtres ailés, tels que cet esprit protecteur du IXᵉ siècle AV. J.-C. du palais assyrien d'Assurnazirpal II, apparaissent dans l'ensemble du monde ancien.

Tradition juive

Le judaïsme fait remonter son existence à Abraham, que la tradition juive considère comme le premier homme qui soit arrivé à l'idée de monothéisme. "Car je l'ai élu pour qu'il ordonne à ses fils et à sa maison après lui, de garder la voie de l'Éternel" (Genèse 18, 19).

Abraham est tenu pour le premier patriarche du peuple hébreu. L'alliance avec Dieu mentionnée constamment dans le Pentateuque est l'un des piliers du judaïsme. Dieu a établi la première alliance avec Abraham, la seconde avec Moïse sur le mont Sinaï, où il a reçu les Dix commandements. Moïse est l'un des personnages les plus prééminents de la Bible et l'un des prophètes les plus influents de la théologie judéo-chrétienne. Sa vision d'un Dieu "unique" et les dix commandements donnés à Moïse par Dieu, ont été les pierres angulaires de la morale humaine depuis 3 800 ans. La manne qui a nourri les enfants d'Israël lors de leur traversée du désert était le pain des anges. L'ensemble de la foi judaïque est basé sur les rencontres des patriarches avec les anges de Dieu.

L'Archange Michaël est l'ange gardien d'Israël. Les anges ne sont pas essentiellement un concept hébraïque – les Hébreux ont emprunté certaines idées sur les anges à leurs voisins, particulièrement babyloniens, lors de leur exil.

La tradition juive mentionne deux types d'anges. Les premiers sont principalement des messagers de Dieu, revêtant des formes diverses, selon les tâches qu'ils doivent accomplir – le plus souvent, une forme humaine. Les seconds sont les membres de la cour céleste, qui entoure Dieu et chante ses louanges.

Détail du tableau du XVe siècle Moïse avec les Dix commandements *de Joos van Gent.*

Anges de la Kabbale

L'une des sources les plus riches de tradition angélique est la Kabbale (voir pages 68 à 99), corpus de textes dont les principaux sont le *Zohar,* "Livre de la Splendeur", et le *Séfer Yetsirah,* "Livre de la Création". La légende l'attribue à Melchisédech, prêtre-roi de Salem (plus tard Jérusalem), censé l'avoir transmis à Abraham, patriarche des Hébreux, dans une révélation.

La mystique juive groupe les anges en diverses catégories, comme les anges de jugement sévère et les anges de merci, ou les anges du mal et les anges serviteurs. Le *Zohar* oppose des anges au caractéristiques féminines et anges aux caractéristiques masculines. Les anges ont des rôles spécifiques au ciel et ils sont hiérarchisés. Ils peuvent prendre forme humaine ou apparaître comme des esprits lorsqu'ils exécutent des missions terrestres. Chaque être humain a un bon et un mauvais ange. Ce sont aussi les anges qui accompagnent l'homme dans l'au-delà, où l'attendent les anges de la paix ou les anges de la destruction, selon ce qu'ont été ses actes dans la vie.

Il y a aussi des anges servant les forces du mal, qui tentent l'homme pour lui faire faire le mal et rapportent ensuite ses péchés.

La *Chekhinah* est la manifestation féminine de Dieu chez l'homme. En cette qualité, la Chekhinah, "Fiancée du Seigneur", "Ange d'amour et de bénédictions" est aussi l'ange "libérateur". Jadis, l'étude de la Kabbale était réservée aux hommes mariés de plus de 40 ans. De nos jours, son mysticisme est accessible tant aux hommes qu'aux femmes.

L'expression "la Chekhinah repose (ou demeure)" est utilisée pour paraphraser la

Genèse 48:16 lorsque Israël (Jacob) parle de “la Divinité qui a veillé sur moi depuis ma naissance jusqu'à ce jour”. L'Église orthodoxe orientale consacre beaucoup de cathédrales à cet aspect du Divin, qui prend alors le nom de “Sagesse sacrée”. Elle est l'un des archanges : ailée, vêtue de blanc, assise sur un trône, tenant un rouleau (II Hénoch).

L'Arbre de vie incorpore un aspect de la Chekhinah, l'ange libérateur de la Kabbale.

Anges chrétiens

Dans la Bible, les anges apparaissent comme des intermédiaires spirituels, circulant éternellement entre Dieu et l'homme. Comme l'ont expliqué saint Augustin et saint Grégoire, le terme "ange" désigne la "tâche" – servants du trône de Dieu dans les Cieux –, ce qui n'exprime ni leur nature fondamentale ni leur fonction essentielle. Le cortège angélique assiste Dieu. Les sept anges de la Présence sont décrits maintes fois.

Pour les chrétiens, les anges sont l'instrument de communication de Dieu. Dans la vision de Jacob, les anges montent au Ciel et en descendent. Un ange de Dieu trouve Agar dans le désert, des anges font sortir Lot de Sodome, un ange annonce à Gédéon qu'il doit sauver son peuple. Un ange annonce la naissance de Samson, l'Archange Gabriel instruit Daniel. Toutefois, dans aucun de ces passages, le mot "ange" n'apparaît en clair, le terme utilisé étant toujours "l'homme".

Le même messager annonce la naissance de saint Jean-Baptiste et l'incarnation du Sauveur, alors que la tradition affirme qu'il est le messager des bergers et l'ange qui redresse Jésus sur la croix. Le prophète Zacharie a la révélation que l'ange parle en lui, point important qui précise que la direction angélique vient de soi-même et non en tant que vision extérieure.

D'un bout à l'autre de la Bible, on suggère sans cesse que chaque âme individuelle a un ange tutélaire, qui peut intercéder auprès de Dieu pour elle. Saint Ambroise disait : "Nous devons prier les anges qui nous ont été donnés pour gardiens". Les chrétiens reconnaissent une hiérarchie angélique – les chérubins apparaissent dans la Bible, tout comme les séraphins. Les archanges sont mentionnés seulement dans l'Épître de Jude, alors que saint Paul donne des listes d'autres groupes célestes. Dans l'Épître aux Éphésiens 1:21, il dit que le Christ est élevé "au-dessus de toute domination, de toute autorité, de toute puissance, de toute dignité" et dans l'Épître aux Colossiens 1:16 : "En Lui ont été créées toutes les choses qui sont dans les cieux et sur la terre, les visibles et les invisibles, trônes, dignités, dominations, autorités."

Détail d'une fresque du XIVe siècle de Giusto Menabuoi dans le Baptistère de Padoue. Cet ange semble avoir deux paires d'ailes.

Anges bouddhistes et hindous

Le Bouddha historique, Siddhârtha Gautama, est né vers 563 AV. J.-C. Ses enseignements – les *Tripitaka*, les "trois corbeilles" – sont à la base de tous les courants du bouddhisme. La croyance première du bouddhisme est qu'à travers la renaissance on apprend à se libérer de ses désirs et de ses attachements, ce qui conduit finalement à l'illumination.

Pour les bouddhistes, les bodhisattvas, les "illuminés" – êtres ayant atteint la nature de Bouddha mais qui ont retardé leur entrée au nirvana pour aider les autres à atteindre à leur tour l'illumination – sont quelque peu similaires aux anges. Les bodhisattvas se révèlent souvent aux humains comme des émanations de lumière ou à travers la méditation. Beaucoup de bodhisattvas sont révérés.

Une référence des *Jâtaka* (récits légendaires racontant des épisodes des vies antérieures de Bouddha) peut être tenue pour mentionner les anges. Pour concevoir le futur Bouddha, la reine Mahâ Mâyâ (autre nom de Mâyâdevi) avait été conduite dans l'Himalaya par quatre êtres célestes. Après la conception, elle avait été gardée par quatre autres, armés d'épées. Quatre divinités Maha-Brahma avaient aidé la naissance de Bouddha.

Les *dharmapalas* sont des protecteurs du dharma, des déités qui assument la tâche de protéger les pratiquants et les enseignements secrets, veillant à dissiper les obstacles sur la voie spirituelle. Dans le bouddhisme tibétain, les *devas*, êtres célestes, se montrent aux humains comme des émanations de lumière.

Hindouisme. Bien que certains de ses éléments soient plus anciens, l'hindouisme est apparu il y a quelque 3 000 ans. Les

Cette miniature indienne représente Krishna, l'une des huit divinités hindoues qui sont des avatars de Brahmâ le créateur.

Veda sont ses textes les plus sacrés. Les Hindous croient en une Âme universelle ou Dieu, Brahman. Les divinités hindoues, comme Vichnou (le conservateur), Çiva (le destructeur) et Krishna, sont des avatars de Brahmâ le créateur. Brahman est la seule réalité, présent en toutes les choses, sans forme et éternel ; c'est le créateur, le conservateur et le transformateur de tout. Brahman apparaît dans l'esprit humain en tant qu'Atman, le soi-même, l'âme.

L'hindouisme ne comporte pas de référence aux anges, mais nombre d'esprits remplissent grosso modo des fonctions similaires. Les *gandharva*, esprits peuplant l'air, connus pour leurs talents musicaux et leur pouvoir de faire voir des illusions, sont souvent représentés avec des ailes.

Anges islamiques

L'islam connaît une riche hiérarchie de *malaïka* (anges). La croyance aux anges est l'un des six piliers de la foi musulmane. Par ordre descendant d'importance, les anges de la foi islamique sont :

- Les Quatre porteurs du trône d'Allah (*hamalat al-arsh*), symbolisés par un

Illustration turque du XVIe siècle : un ange apporte à Abraham un bouc à sacrifier à la place de son fils.

taureau, un homme, un lion et un aigle.

- Les *qarrûbiyûn*, apparentés aux chérubins, qui se tiennent autour du trône d'Allah en priant sans cesse celui-ci.

- Les quatre archanges : Gabriel (Djibril), qui a révélé le Coran à Mahomet, Michaël (Mikâl), l'intercesseur, Izraïl, l'ange de la mort (qui sépare l'âme des hommes de leur corps) et Azrafil, l'ange du Jugement dernier d'Allah.

- Les anges de rang inférieur, les *hafazah* ou *hafza*, sorte d'anges gardiens.

Dans l'islam, Djibril est un messager entre Dieu et l'homme, un porteur de révélation aux prophètes de Dieu. Mahomet mentionne trois fois Djibril par son nom dans le Coran. Ce sont Djibril et Mikâl qui purifient le cœur du prophète pour le préparer à son ascension au Ciel. Djibril guide Mahomet à travers les Cieux jusqu'au trône de Dieu. Djibril lui a aussi apporté son aide lors de la bataille de Badr (624) avec des milliers d'anges lui permettant de vaincre les tribus juives de Banu Qaynuqa et Banu Qurayzah.
Les djinns sont des êtres dont la nature est difficile à déterminer, qui peuvent être bons ou mauvais. Dans ce dernier cas, ils sont désignés par le terme "shaytan". Al-Shaitân est Satan, le "malin", le diable, le prince des anges malfaisants ou des mauvais esprits. Le Coran dit que les anges ont été créés de lumière, alors que les djinns (anges malfaisants) l'ont été d'un feu brûlant. L'ange Malik est le gardien de l'enfer.

Très beaux, les anges islamiques sont munis d'ailes. Ils sont aussi immenses – le prophète Mahomet a décrit Djibril comme remplissant l'espace entre le Ciel et la Terre. Il a aussi vu la véritable forme de celui-ci, ses 600 ailes ornées de perles et de rubis recouvrant l'horizon. Nul ne connaît le nombre des anges en dehors d'Allah.

Anges mormons

L'Église de Jésus-Christ des Saints des derniers jours, l'Église mormone, a été fondée en 1830 à Lafayette (États-Unis) par Joseph Smith (1805-1844). Après la mort de celui-ci, elle a été développée par Bingham Young (1801-1877). Les 13 "articles de la foi", approuvés en 1841, représentent les principes de la doctrine des mormons, dont l'idée que ce que Dieu est, l'homme peut le devenir par ses propres moyens. Selon les mormons, la résurrection du Christ aura lieu aux États-Unis.

Outre la Bible (version du roi James), les mormons se réfèrent à trois autres textes sacrés, dont le plus important est le Livre de Mormon, suivi par la Doctrine d'alliance et La Perle de grand prix, censés avoir été écrits par Joseph Smith.

Selon la légende, au printemps de 1820, Joseph Smith a reçu la révélation, par l'intermédiaire de l'ange Moroni, d'avoir à retrouver des tablettes d'or contenant la transcription d'un livre sacré vieux de deux mille ans, qui narrait l'histoire du peuple de Dieu en Amérique, le Livre de Mormon. Smith a réussi à déchiffrer ces textes, à les traduire et à les publier.

Joseph Smith a eu la vision de l'ange Moroni lorsqu'il priait dans les bois.

Anges celtiques

Les Celtes venus d'Europe centrale ont envahi l'Europe occidentale, les îles Britanniques et le sud-est de la Turquie à l'époque pré-romaine. Les Celtes avaient une culture et une structure sociale élaborées. Les traditions étaient transmises par les bardes conteurs d'histoires, les druides apprenaient les secrets de l'univers dans des visions. Le savoir mystique était enseigné de maître à disciple, si bien qu'un long apprentissage était nécessaire pour devenir druide.

Les Celtes croyaient à la réincarnation et à la continuité de l'âme. Ils interprétaient le monde à partir de l'Arbre de vie celtique. Pour eux, leur *Anamchara* (ange ou âme amie) faisait partie de la vie quotidienne. Les anges celtes sont des êtres spirituels qui s'intéressent particulièrement aux humains, surtout à ceux qui ont atteint la conscience spirituelle ou sont en train de développer leur spiritualité. Les anges celtiques jouent le rôle de gardiens ou de compagnons, un peu comme les animaux totems le font dans les traditions chamaniques.

Les anges celtiques demeurent sur plusieurs plans. Le plus élevé abrite les anges en constant contact avec la force divine, très similaires aux bodhisattvas du bouddhisme.

Le plan suivant est occupé par les anges qui arrivent à Dieu. Le troisième plan comporte les anges les plus proches des hommes et du monde physique, les plus faciles à contacter. Méditer dans des endroits naturels – dans des bosquets d'arbres, dans les bois, près des cascades ou des lacs donne de bons résultats, car ces lieux grouillent d'Anamchairde (pluriel d'Anamchara). Comme les autres anges, l'Anamchara peut prendre toute forme appropriée, même parfois humaine. Si cela convient, il arborera des ailes.

Les anges celtes (Anamchara) aident particulièrement les personnes qui évoluent spirituellement.

Légendes des Amérindiens de l'Amérique du Nord et chamanisme

L'oiseau-tonnerre, créature mythologique, apparaît dans les traditions spirituelles de beaucoup de tribus amérindiennes d'Amérique du Nord. Son nom lakota est *Wakinyan,* de *kinyan,* "ailé" et *wakin,* "sacré". Les Kwakiult l'appellent *Hohoq,* les Nootka *Kw-Uhnx-Wa.*

L'oiseau-tonnerre est énorme, l'envergure de ses ailes couvre deux longueurs de canoë et lorsqu'il prend son envol, il déclenche une tempête. Les nuages couvrent le ciel, le tonnerre gronde et les yeux de l'oiseau lancent des éclairs lorsqu'il bat des paupières. Il porte dans son bec des serpents scintillants d'éclairs. Les masques représentent cet oiseau comme multicolore, doté de deux cornes et d'un bec muni de dents.

Les oiseaux-tonnerre sont parfois tenus pour être des créatures solitaires vivant sur la cime des montagnes ou voyageant en groupe. Les oiseaux-tonnerre des cimes montagneuses sont les servants du Grand Esprit et ne volent que

L'oiseau-tonnerre porte les messages du "Grand Esprit" aux hommes vivant sur la Terre.

pour porter ses messages. Les tribus Kwakiult et Cowichan pensaient que les oiseaux-tonnerre qui vivaient en groupe assumaient forme humaine en tombant le bec en arrière (comme un masque) et en rejetant leurs plumes comme une couverture. Certaines légendes racontent des histoires de ces oiseaux-tonnerre "humains" épousant des femmes.

Le mythique oiseau-tonnerre est-il un ange (il porte des messages et apporte la lumière), un oiseau crypto-zoologique ou peut-être un parent du rok *(rukh)* de la légende perse ? L'oiseau-tonnerre peut aussi être mis en rapport avec le phénix de la mythologie égyptienne – l'oiseau fabuleux qui se régénère périodiquement, symbole de la mort et de la résurrection.

Totem de l'oiseau-tonnerre à Stanley Park, Vancouver (Canada), réplique d'un autre totem du début du XXe siècle, sculpté par Charlie James.

Chamanisme. Dans les cultures chamaniques, le guérisseur prend souvent la forme d'un oiseau pour voyager entre les différents mondes en quête des fragments de l'âme de son patient. Le manteau rituel orné de plumes des chamans sibériens ressemble à un oiseau. Bien que toutes les formes de chamanisme d'Asie s'intéressent peu aux images concrètes d'humains ailés, la croyance que le chaman peut voler est universelle.

Égypte ancienne et Grèce antique

La déesse Isis s'est servie de ses ailes pour insuffler vie à Osiris et concevoir son fils Horus.

La mythologie égyptienne ne semble pas avoir connu d'êtres angéliques distincts, bien que le phénix sacré fût symbole de l'immortalité. Le phénix représente le Soleil, qui meurt toutes les nuits pour renaître chaque matin. À la fin de son cycle de vie, le phénix bâtit un bûcher de rameaux de cannelier, sur lequel il s'immole afin qu'un nouvel oiseau émerge de ses cendres. Le nouveau phénix embaume les cendres de son prédécesseur dans un œuf fait en myrrhe, qu'il dépose à Héliopolis (Égypte).

À l'origine, le phénix était un oiseau pareil au héron, oiseau que le *Livre des morts* appelle *benu*. Il est étroitement associé au dieu Soleil Amon-Rê.

Parmi le riche panthéon égyptien, relativement peu de déités ont des ailes. Isis s'est servie de ses ailes pour insuffler vie à son défunt époux-frère Osiris, afin de concevoir Horus. La déesse Nout est représentée sous la forme d'une femme munie d'ailes de vautour portant un pot sur la tête ou d'une femme parsemée d'étoiles arquée au-dessus de la Terre.

Anges grecs. En grec ancien, le mot *daimôn* désignait un esprit, une divinité, conférant l'inspiration. La déesse Niké et son fils Éros ont servi d'images pour les représentations ultérieures d'anges.

La Victoire ailée de Samothrace *(c.220-190 AV.È.C.) est la déesse Niké (Victoire).*

New Age

Le mouvement de transformation spirituelle New Age diffère de tous ceux qui l'ont précédé. Il n'a pas de prophètes, de textes sacrés, de centres religieux, de credo, de clergé et de programme.

Le mouvement New Age n'a pas de prophètes ou de gourous.

Le mouvement New Age se sert cependant de certains termes "acceptés", comme chakra, aura et chi. Beaucoup de ses adeptes croient à la réincarnation et à la survie de l'âme après la mort. Tous se définissent comme des chercheurs de la vérité personnelle, du savoir et de la sagesse, et tendent à adopter un mode de

vie équilibré, d'habitude en admettant et en développant l'aspect spirituel de leur psyché.

Un nouvel âge d'or. La croyance aux anges et aux êtres spirituels très évolués se répand à mesure qu'on avance dans l'Ère du Verseau. La plupart pensent qu'un nouvel âge d'or est en route, où le sexe, la race, la religion, l'âge, le statut social et les autres formes de discrimination disparaîtront. À mesure que les habitants de la Terre éradiqueront la guerre, la pauvreté, la faim et la maladie, l'ego, les attachements claniques et nationaux seront remplacés par la responsabilité globale.

La croyance aux anges remonte à l'aube de la civilisation. Pour beaucoup, le mouvement New Age est dirigé par les anges à travers le contact personnel avec leur ange gardien.

Certains adeptes du mouvement New Age n'abandonnent pas pour autant leurs précédentes affiliations religieuses. Tous croient à l'intelligence divine qui étaye le tissu de l'univers.

Le mouvement New Age est né à la fin des années 1960, sur les bases posées au

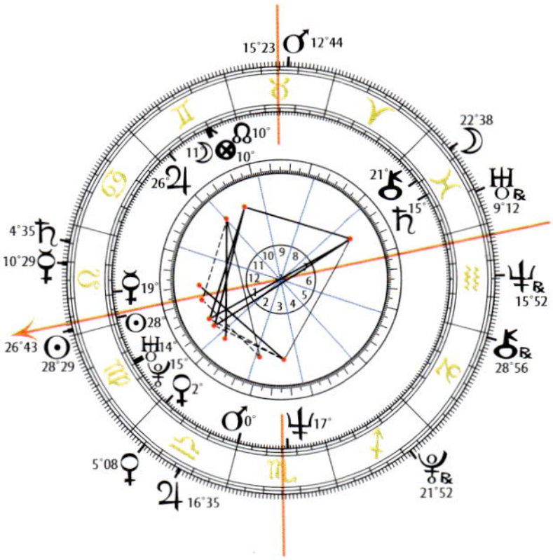

Un nouvel âge d'or dirigé par les anges émergera à l'Ère du Verseau.

XIXe siècle par Hélène Blavatsky (1831-1891), fondatrice de la Société de Théosophie. L'astrologie, le bouddhisme, le channelling, l'hindouisme, les traditions gnostiques, le paganisme, le spiritualisme et la Wicca ont tous exercé leur influence sur le mouvement New Age.

VISIONS ANGÉLIQUES

Visions angéliques célèbres

Voici les récits des quelques-unes des plus célèbres visions angéliques connues, les visions d'Ézékiel, d'Hénoch, de saint Jean et de Daniel. Certaines de ces visions décrivent le trône de Dieu.

DANIEL

Je continuai à regarder, lorsque des trônes furent dressés et un Ancien des jours prit place. Son vêtement avait la blancheur de la neige, et la chevelure de sa tête, celle de la laine éclatante. Son trône était de flammes étincelantes et ses roues un feu incandescent. Un torrent de feu jaillissait et s'épandait devant lui. Mille milliers le servaient et dix mille myriades se tenaient en sa présence.

Daniel 7:9-10

Illustration du XIIe siècle de la vision de Daniel, avec les quatre bêtes et Dieu sur son trône. Commentaire du moine asturien Beatus.

HÉNOCH

Je regardai, et je vis un trône élevé qui avait l'apparence du cristal, et la roue avait l'éclat du soleil ; (je vis) aussi la montagne des Chérubins. Aux pieds du trône coulaient des fleuves de feu flamboyant, et je ne pouvais (en soutenir) la vue. La Gloire suprême y siégeait, et Son manteau étai plus brillant que le soleil et plus blanc que toute neige. Nul ange ne pouvait approcher de ce palais, ni voir la Face à cause de (Sa) splendeur et de (Sa) gloire. Nulle chair ne pouvait La voir. Le feu flamboyait tout autour, un grand feu s'élevait auprès d'Elle, nul ne L'approchait. Tout autour, des myriades de myriades se tenaient devant Lui.

I Hénoch XIV, 18-22

ÉLIE

Comme Élie et son fils Élisée poursuivaient leur chemin en conversant, quand tout à coup, un char de feu, attelé de chevaux de feu, les sépara l'un de l'autre, et Élie monta au ciel dans un tourbillon. À cette vue, Élisée s'écria : "Mon père, mon père ! Char et cavalerie d'Israël !" Et il ne le vit plus.

II Rois 2:11-12

Les prophètes Élie et Hénoch ont tous deux eu des visions de Dieu et des cohortes célestes.

ÉZÉKIEL

Le char trône de Dieu (en hébreu *Merkavah*) a été décrit pour la première fois par Ézékiel, texte rédigé peu de temps après l'arrivée dans premiers exilés juifs à Babylone (587 AV.J.-C.).

... et voici leur aspect, elles avaient figure humaine. Chacune avait quatre visages et chacune quatre ailes. Leurs pieds étaient des pieds droits ; la plante de leurs pieds était comme celle d'un veau et ils étincelaient comme l'airain poli. Et des mains d'hommes apparaissaient sous leurs ailes des quatre côtés ; et les quatre avaient leurs visages et leurs ailes. Joignant leurs ailes l'une à l'autre, elles ne se retournaient pas dans leur marche, chacune allant droit devant elle. Quant à la forme de leurs visages, elles avaient toutes quatre une face d'homme et à droite une face de lion, toutes quatre une face de taureau à gauche et toutes quatre une face d'aigle. Et leurs faces et leurs ailes étaient éployées vers le haut ; elles en avaient deux jointes ensemble, et deux recouvraient leur corps...Quand à l'aspect des Haïot, elles apparaissaient comme des charbons en feu, incandescents, comme des flambeaux ; un feu circulant entre les Haïot, et ce feu avait un rayonnement et du feu sortaient des éclairs. Et les Haïot allaient et venaient, tel l'éclair.

Ézékiel 1:5-14

Gravure sur bois du XVIIe siècle de la vision d'Ézékiel du char trône de Dieu.

SAINT JEAN

La vision de saint Jean du trône de Dieu est la seule mentionnée dans le Nouveau Testament.

Aussitôt je fus saisi par l'Esprit. Et voici, il y avait un trône dans le ciel, et sur ce trône quelqu'un était assis. Celui qui était assis avait l'aspect d'une pierre de jaspe et de sardoine. Et le trône était environné d'un arc-en-ciel semblable à de l'émeraude. Autour du trône je vis vingt-quatre vieillards assis, revêtus de vêtements blancs, et sur leurs têtes des couronnes d'or. Du trône sortent des éclairs, des voix et des coups de tonnerre. Devant le trône brûlent sept lampes ardentes, qui sont les sept esprits de Dieu. Il y a encore devant le trône comme une mer de verre, semblable à du cristal. Au milieu du trône et autour du trône, il y a quatre êtres vivants remplis d'yeux devant et derrière. Le premier être vivant est semblable à un lion, le second être vivant est semblable à un veau, le troisième être vivant a la face d'un homme, et le quatrième être vivant est semblable à un aigle qui vole. Les quatre êtres vivants ont chacun six ailes, et ils sont remplis d'yeux tout autour et au-dedans. Ils ne cessent de dire jour et nuit : Saint, saint, saint est le Seigneur Dieu, le Tout-Puissant, qui était qui est, et qui vient ! Quand les êtres vivants rendent gloire, honneur et actions de grâce à celui qui est assis sur le trône, à celui qui vit aux siècles des siècles, les vingt-quatre vieillards se prosternent devant celui qui est assis sur le trône, et ils adorent celui qui vit aux siècles des siècles, et ils jettent leurs couronnes devant le trône en disant : Tu es digne, notre Seigneur, et notre Dieu, de recevoir la gloire, l'honneur et la puissance, car tu as créé toutes choses et c'est par ta volonté qu'elles existent et qu'elles ont été créées."

L'Apocalypse de Saint Jean 4:2-11

HILDEGARDE DE BINGEN

Hildegarde de Bingen (1098-1179), mystique chrétienne, a eu 26 visions de la divinité.

Puis j'ai vu le ciel lumineux, où j'ai entendu différents genres de musique, incarnant merveilleusement tous les sens que j'ai entendus avant. J'ai entendu les louanges des joyeux habitants du ciel, préservant fermement les chemins de la vérité…

Vision treize

Portrait du XVIIIe siècle de Jeanne d'Arc dormant sous la garde des anges.

JEANNE D'ARC

Vers ses 12 ans, Jeanne d'Arc (1412-1431) a commencé à entendre des voix lui enjoignant de sauver la France. L'une de ces voix appartenait à l'Archange Michaël. Hésitant à parler de ces voix, elle n'en avait rien dit à son confesseur. Lors de son procès, elle a constamment refusé de se laisser entraîner dans des descriptions de l'apparition des saints et d'expliquer comment elle les avait reconnus. Elle a dit quand même à ses juges : "Je les ai vus de mes yeux comme je vous vois".

WILLIAM BLAKE

William Blake (1757-1827) poète, peintre, visionnaire mystique et graveur britannique, illustrait et imprimait ses propres œuvres. Blake affirme qu'il avait eu des visions d'anges depuis son enfance et qu'il avait vu l'Ange Gabriel et discuté avec lui. Parmi ses "livres prophétiques" on compte Le *Livre de Thel*, le *Mariage du Ciel et de l'Enfer*, le *Livre d'Urizen, Amérique, Milton* et *Jérusalem*. Dans ces œuvres prophétiques, Blake a exprimé son intérêt pour la lutte de l'âme en vue de libérer ses énergies naturelles de la raison et de la religion. Parmi les derniers œuvres artistiques de Blake il y a des dessins et des gravures pour la *Divine Comédie* de Dante.

PÈRE JEAN LAMY

Le Père Jean Lamy (1853-1931) conversait régulièrement avec son ange gardien et avait des visions du passé et de l'avenir.

Leurs habits sont blancs, mais d'un blanc qui n'est pas de ce monde. Je ne peux pas le décrire, car il ne peut pas être comparé avec la blancheur terrestre ; il est bien plus doux pour l'œil. Ces anges éclatants sont enveloppés d'une lumière si différente de la nôtre qu'en comparaison tout le reste semble sombre. Quand vous voyez un groupe de 50, vous êtes perdu dans l'ébahissement. Ils semblent attifés de plaques dorées, en constant mouvement, comme autant de soleils.

Rencontres angéliques modernes

Les visions des anges n'ont pas été limitées aux temps jadis – l'époque moderne connaît bien plus de récits de visions angéliques.

L'ange de Mons. Pendant la Première Guerre mondiale, une légende a commencé à circuler après la bataille de Mons. Bien que les témoignages sur "l'ange de Mons" varient, un phénomène mystérieux est vraisemblablement survenu ce jour-là, en présence de plusieurs personnes.

La bataille de Mons s'est déroulée le 23 août 1914 en Belgique. Pendant le premier accrochage avec les soldats allemands, saint Georges et une légion d'archers fantômes ont arrêté les troupes du Kaiser. D'autres soldats ont affirmé avoir vu l'Archange Michaël conduisant une armée angélique. Certains ont vu trois êtres ailés flamboyants, d'autres prétendaient que des anges avaient placé un rideau protecteur de lumière autour des troupes britanniques. Avec autant de témoins de l'intervention divine, peu surprenant que les récits varient à ce point. Même les prisonniers allemands affirmaient avoir assisté au phénomène mystique et avoir été rendus impuissants par l'apparition.

Il est certain que les Britanniques étaient grandement surpassés en nombre et que leur situation était désespérée. L'histoire de l'ange a pour le moins élevé leur moral. Toutefois, le débat sur l'authenticité de cette légende fait encore rage, plus de 90 ans après.

Perception angélique. Les anges sont une passerelle vers les royaumes célestes. Ils représentent un monde au-delà de la vision humaine, qui est dans l'homme et

Le tableau Les Anges de Mons *peint par W. H. Margetson montre les extraordinaires visions de nombreux soldats à Mons, le 23 août 1914.*

Les enfants voient souvent des anges et sont capables de les décrire en détail.

autour de lui. Le contact angélique varie énormément. En fait, peu de gens ont la chance de littéralement "voir" un ange.

La "vision angélique" varie aussi : certains voient de leurs yeux des anges ailés, d'autres les voient dans leur imagination. Certains voient des lumières colorées tourbillonnantes dansant autour de leur lit la nuit, d'autres rencontrent des anges dans leur subconscient, dans leurs rêves ou méditations, d'autres encore sont entourés d'une agréable énergie ou se sentent enveloppés d'ailes angéliques. Des rencontres angéliques intenses se produisent souvent lors d'une expérience de mort imminente ou lorsqu'on veille au chevet d'un proche gravement malade ou agonisant.

Visions d'enfance. Les enfants voient souvent des anges, qu'ils décrivent avec force détails. Je sais que j'ai toujours vu des anges : dans mes souvenirs les plus anciens je me vois entouré toutes les nuits d'anges qui chantaient pour m'endormir. Je les appelais "belles dames".

Je sais que mes rencontres angéliques nocturnes avaient sérieusement inquiété ma mère, alors que ma grand-mère, qui était spiritualiste, les acceptait très bien. En fait, lorsqu'elle est venue vivre avec nous, ma grand-mère me demandait souvent si j'étais venu dans sa chambre la nuit, car elle avait vu quelqu'un au pied de son lit. J'ai essayé de lui expliquer que mes anges ne faisaient que la regarder. Je suis sûr qu'elle savait de quoi il s'agissait, mais voulait me faire comprendre ainsi qu'elle les voyait à son tour.

Je sais que mon expérience d'enfance n'est pas unique. L'une de mes élèves m'a récemment raconté sa première rencontre angélique à l'âge de 9 ans. À l'époque, tout allait mal dans sa famille. Une nuit, elle a vu le plafond s'estomper et le plus exquis des anges apparaître, armé d'une épée de flamme bleue. Le sentiment d'être protégée et guidée par ce bel être a changé ses jeunes années et elle est devenue une adulte accomplie, malgré ses problèmes familiaux.

L'étonnant est que j'étais au courant de sa rencontre avec l'Archange Michaël avant même qu'elle m'en parle, car son champ énergétique portait la signature angélique de celui-ci. Je l'ai remarquée dès qu'elle est entrée dans la pièce. Nous nous sommes souri et une reconnaissance angélique instantanée est passée entre nous. J'utilise le terme étonnant, mais lorsqu'on ouvre son cœur aux anges, la vie se remplit de merveilles, d'amour et de joie miraculeuse.

Vision céleste. Je n'ai jamais perdu ma vision céleste et d'autres gens ont été témoins de mes rencontres angéliques ou ont aperçu des anges autour de moi. Mes rencontres angéliques ont été décrites dans d'autres livres, dans des magasins féminins et à la télévision. J'ai dirigé des séminaires sur les anges dans plusieurs pays pendant presque vingt ans, si bien que j'ai connu des milliers de gens ayant établi de fortes connexions angéliques, particulièrement pendant les méditations et les séances de guérison. J'ai aussi demandé aux élèves de mon cours sur les cristaux de me raconter leurs expériences angéliques. En voici deux parmi les centaines qui m'ont été offertes.

Ouvrir le cœur au domaine angélique remplit de joie et de gratitude.

L'HISTOIRE DE FRAN

En 2001, mon fils de 17 ans a été hospitalisé pour une appendicite. Lorsque j'attendais que mon fils, très effrayé,soit emmené en salle d'opérations, j'ai appelé les anges pour qu'ils l'aident et veillent sur lui. J'ai immédiatement perçu le changement dans l'énergie. Je sentais (sans le voir) la présence d'un être angélique au pied de son brancard. Tout d'un coup, mon fils m'a dit : "Il y a un énorme ange doré à mes pieds". Il est devenu ensuite très calme et paisible à propos de l'opération. L'ange est resté avec lui tout au long de la nuit, ce qui m'a permis de partir le cœur plus léger.

RÉCIT DE MARC

Marc, étudiant en beaux-arts, travaillait la nuit comme garde de sécurité. Une nuit, un autre gardien et lui avaient été alertés de la présence d'intrus sur les lieux. Ils ont couru vers l'immeuble concerné et ont vu quelque chose qui les a fait douter de leur santé mentale. Juste au-dessus d'eux flottait dans le ciel nocturne clair et parsemé d'étoiles un immense être lumineux, un ange. Il a plané ainsi pendant quelques secondes avant de survoler lentement plusieurs autres immeubles et de disparaître de leur vue.

Marc a été secoué par cette expérience. Il était encore très troublé en rentrant chez lui. Lorsque, très excité, il a raconté les faits, sa famille aurait pu convenir que quelque chose d'extraordinaire lui était arrivé. Cependant, sa mère s'est contentée de sourire : "J'ai demandé une protection angélique pour toi, car j'étais inquiète".

RÉCIT DE TANIA, RACONTÉ PAR ELLE-MÊME

Ma première expérience consciente des anges a eu lieu lorsque mon père est tombé brusquement malade. J'ai reçu un coup de téléphone de ma mère m'annonçant qu'il ne se sentait pas bien et qu'elle avait appelé le médecin, m'assurant cependant qu'il n'y avait pas de raison de s'inquiéter. Vingt minutes plus tard, elle a rappelé en pleurant pour me dire que le cœur de mon père avait cessé de battre. Je lui ai dit que j'arrivais. Mon compagnon et moi avons pris la voiture pour aller chez mes parents. En conduisant, je demandais aux Archanges Michaël et Raphaël d'aider ma mère et mon père. Mon cœur battait très fort, je voulais arriver aussi vite que possible chez eux, sans trop dépasser la limite de vitesse ! Je suis arrivée à une série de feux rouges. En freinant, mon cœur a ralenti et un sentiment d'immense paix m'a submergée. J'ai su que mon père allait bien. Arrivée chez mes parents, j'ai appris qu'il était mort quelques minutes plus tôt. J'ai compris que les anges avaient aidé mon père, mais pas dans le sens physique. Le moment était venu pour son esprit d'avancer et les Archanges Michaël et Raphaël l'avaient guidé. Je remercie les anges pour cette expérience, car bien que j'aie été anéantie de perdre ainsi mon père, cela m'a dirigée sur ma voie spirituelle.

En allant voir son père malade, Tania a demandé aux Archanges Michaël et Raphaël d'aider sa mère et son père.

GUÉRISON ANGÉLIQUE

Causes de maladie

La médecine conventionnelle se concentre sur les systèmes physiques du corps dont elle analyse les symptômes pour diagnostiquer le problème. Elle vise à guérir la maladie par des traitements chirurgicaux ou médicamenteux. Avant l'expansion de la médecine, les gens utilisaient des remèdes naturels pour leurs maux. Ils savaient que leur vie était fortement influencée par diverses énergies, dont certaines – les énergies subtiles – invisibles ou imperceptibles et donc tenues pour non existantes par la plupart des gens.

On peut regarder la santé comme un courant continu d'énergie entre le corps, le mental, l'esprit, l'âme et le réseau universel de la vie. Lorsqu'on est malade ou mal à l'aise avec un quelconque aspect de soi-même, on bloque la circulation de l'énergie vitale sur tous les plans de l'être. Tout le monde est en constant état de changement et de croissance personnelle. Rester en harmonie avec son âme est un acte de rétablissement incessant de l'équilibre.

Lorsque nous sommes stressés, nous bloquons la circulation de l'énergie vitale.

Rediriger l'énergie vitale. Toute forme de guérison ou de thérapie permet au guérisseur de rediriger le *chi* (force vitale) pour dissiper les modèles de maladie ayant bloqué la circulation intérieure harmonieuse de l'individu se rapportant à l'univers. La maladie est la manière dont l'esprit communique avec l'individu à travers son corps physique, ses pensées, ses émotions et ses sentiments. On ne doit jamais la tenir pour une expérience négative, car l'esprit se sert de la maladie pour attirer l'attention. Lorsqu'on est en bonne santé, on tend à penser que les choses font partie du décor, on est satisfait de soi et on se croit physiquement immortel. Cette illusion fait stagner l'âme et est destructrice pour la croissance et l'harmonie spirituelles.

Chaque maladie et la crise qu'elle suscite en tant qu'instigatrice du changement, créent un espace sacré où l'esprit apprend à l'individu des choses sur lui-même. S'il saisit l'occasion de travailler avec son âme pour guérir son déséquilibre, il se libérera lui-même d'un lieu de stagnation et avancera dans une vie plus spirituelle et harmonieuse.

On tient la santé pour une chose certaine, mais on ne devrait pas oublier que l'homme est physiquement mortel.

La guérison angélique vise à rétablir l'unité de l'individu avec son âme. Elle est concentrée sur davantage que le bien-être. Elle exige d'écouter les murmures de son âme, d'éprouver ses émotions, de développer son intuition et de nourrir son esprit. Cet état holistique confère le contentement, permettant de fonctionner paisiblement en connexion avec les autres.

La voie de croissance

Le parcours de la vie est parfois douloureux, car l'âme est en quête d'authenticité et de maturité. J'ai entendu maintes fois des personnes participant à mes séminaires raconter leurs expériences – le sentiment de retour chez soi, de se percevoir, de se sentir connecté, de se rappeler qui on est vraiment. Souvent, des larmes de soulagement coulent, qui sont toujours une expérience positive.

Une véritable communication angélique s'établit lorsqu'on se rend compte qu'on n'est plus seul. La protection, la direction, le soutien, l'attention, ne sont pas seulement abondants, mais visent activement les gens, influençant et améliorant tous les domaines de la vie.

Bien que les anges ne soient assurément pas un "remède instantané", certaines personnes éprouvent un changement immédiat et permanent. En s'accordant aux anges, on découvre son véritable but dans la vie et le chemin de retour chez soi. De même, le travail avec les anges met en question les convictions et les modèles dépassés et incite à abandonner les habitudes. Il faut du courage pour ouvrir des portes à la guérison, car même les changements les plus bénéfiques peuvent s'avérer difficiles.

Dans le cadre du processus de transformation, on doit s'adapter une fois de plus à son environnement et à son mode de vie, y compris aux personnes les plus proches de soi – conjoint, enfants, famille, amis, collègues de travail. Ceux-ci ne seront peut-être pas toujours à l'aise avec ce "nouveau" personnage – ils seront obligés de changer eux aussi, alors qu'ils ne sont probablement pas prêts. L'individu doit se rappeler une époque de sa vie où le changement lui a été imposé, que ce soit par un deuil, un divorce ou la perte d'un travail.

Il est important de se montrer indépendant et tenace durant cette transformation, puisque les autres risquent de tenir l'individu pour intéressé. Celui-ci doit se rapprocher de ceux qui le soutiendront et encourageront sa croissance spirituelle, ainsi que le renouveau de sa santé.

Dans le cadre du processus de transformation, vous devez vous réadapter à votre mode de vie actuel, à votre famille et à vos amis.

Préparation à une séance de guérison angélique

Même les guérisseurs les plus talentueux reconnaissent l'importance de la méditation pour l'apaisement du mental avant de s'ouvrir aux énergies supérieures du domaine angélique. Lorsqu'on ignore cette étape, on court le risque d'être débordé par l'expérience.

Avant de commencer à aider les autres, c'est tout aussi important de passer soi-même par un processus d'autoguérison et d'accord angélique, parfois difficile.

Il faut toujours se préparer soi-même physiquement, mentalement, spirituellement et émotionnellement avant de proposer à autrui une thérapie de n'importe quel genre.

COMMENT SE PRÉPARER POUR L'ACCORD ANGÉLIQUE

La manière dont le guérisseur se prépare, et prépare son client, à la séance de guérison angélique, influence grandement la qualité de l'expérience et ses résultats. Les indications suivantes permettront de tirer le meilleur des séances de guérison.

PROCÉDURE

1 Portez des vêtements larges en coton permettant de bouger librement lorsqu'on applique un traitement ou le reçoit. Outre absorber la négativité potentielle,

les tissus synthétiques interfèrent avec la circulation de l'énergie dans les méridiens. Les vêtements sombres ou ternes affaiblissent le champ énergétique du thérapeute et de son client.

2 Demandez à votre client de boire beaucoup d'eau avant et après chaque séance pour faciliter l'élimination des blocages énergétiques et de la toxicité. Faites de même pour nettoyer votre champ énergétique.

3 Évitez de manger juste avant et après une séance.

4 Lavez-vous les mains sous de l'eau courante avant et après chaque client pour éliminer les énergies résiduelles.

5 Relaxez-vous avant chaque séance de guérison : si vous êtes tendu, votre client le sentira et se raidira lui aussi.

6 Demandez à votre client d'enlever lentilles de contact, lunettes, bijoux, ceinture, tout autre objet métallique (clés ou petite monnaie).

7 Le client s'étend sur une table de massage, la tête soutenue par un oreiller. La table doit être assez large et longue pour que les bras du client aient de la place à ses côtés et que ses pieds ne la dépassent pas.

8 Demandez à votre client de ne pas croiser les bras ou les jambes pendant la thérapie pour ne pas bloquer la circulation de l'énergie.

9 Placez une couverture légère sur lui s'il a froid pendant la séance.

10 Laissez-lui le temps de s'accorder aux anges que vous appelez pour la séance.

11 Accordez-vous le temps d'établir un rapport énergétique avec votre client. Si vous vous sentez menacé ou épuisé par quelque chose le concernant, par exemple des entités inférieures, demandez immédiatement la protection de l'Archange Michaël.

Activation des chakras des paumes et du corps mental

ACTIVATION DES CHAKRAS DES PAUMES

C'est important d'accroître la réceptivité de vos mains avant d'administrer une guérison angélique, ce qui vous aidera à développer la sensibilité aux énergies subtiles. Vos mains et vos bras sont une extension du chakra du cœur. Pour aider autrui par la guérison angélique, le chakra du cœur doit être ouvert (voir page 146, Méditation de la flamme rose de l'étoile du cœur).

PROCÉDURE

1. Lavez-vous les mains à l'eau froide et séchez-les soigneusement pour ouvrir votre cœur avant la guérison angélique.
2. Secouez vigoureusement vos mains pour les sensibiliser, ce qui libérera l'énergie émotionnelle bloquée et ouvrira le chakra du cœur.
3. Frottez rapidement vos paumes l'une contre l'autre plusieurs fois, en un mouvement circulaire, pour accumuler le *chi*.
4. Autre possibilité, ouvrez et fermez vos mains rapidement et simultanément jusqu'à sentir l'accumulation du *chi* ou faites rouler un quartz clair entre les paumes pour aboutir à l'activation.

Quartz clair

ACTIVATION DU CORPS MENTAL

Cet exercice accroît votre pouvoir de perception en chargeant en énergie le corps mental et en vous connectant avec le Rayon jaune soleil de l'Archange Jophiel. Ce Rayon permet de percevoir facilement le champ énergétique de votre client, processus particulièrement important lors de l'apprentissage du travail avec les chakras. Avec de la pratique, vous n'aurez plus besoin de charger en énergie votre corps mental et vos chakras des paumes développeront une remarquable structure énergétique.

PROCÉDURE

1 Accroissez la réceptivité de vos mains en les lavant à eau froide et en les séchant soigneusement. Secouez-les vigoureusement. Frottez-les rapidement l'une contre l'autre plusieurs fois, en un mouvement circulaire, pour accumuler le *chi*.

2 Les paumes se font face, écartées d'environ 22 cm. Percevez l'énergie émise par vos mains et vibrant entre elles. Jouez avec cette énergie (qui semblera collante).

3 Façonnez une sphère de cette énergie et visualisez-la en jaune vif. Lorsque la sphère palpite de force vitale, placez-la dans la zone du plexus solaire. Elle chargera rapidement le corps mental en énergie.

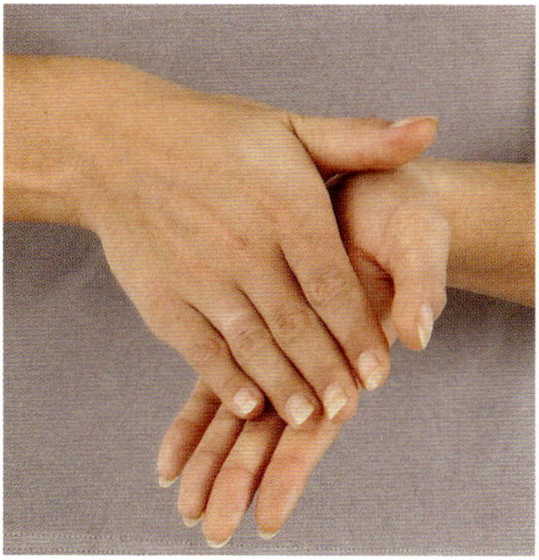

Faites rouler un quartz clair entre vos mains pour activer les chakras de vos paumes.

Percevoir les chakras

Les sept chakras principaux sont situés sur la ligne de centre du corps. Ces vortex d'énergie absorbent et distribuent la force vitale, le *chi*. Pour travailler avec les champs énergétiques subtils, il faut développer sa sensibilité à tous les chakras.

COMMENT PERCEVOIR LES CHAKRAS

Voici un exercice simple de perception des chakras, à pratiquer avec un partenaire, destiné aux débutants dans le domaine des énergies subtiles et du diagnostic énergétique intuitif. Votre partenaire est allongé sur le dos sur un divan de thérapie.

PROCÉDURE

1 Invoquez l'Archange Raphaël pour accroître votre intuition.

2 Prenez un souffle profond et détendez-vous. Libérez toutes les pensées et les émotions négatives et concentrez-vous sur le champ énergétique de votre partenaire. Ne portez pas de jugement et restez positif.

3 Placez les mains sur les épaules de votre partenaire et accordez-vous quelques minutes pour établir un rapport énergétique : ce processus d'accord est vital.

4 Quand vous vous sentez prêt, commencez à passer en revue les chakras de votre partenaire (voir pages 102 et 103).

5 Commencez à environ 20 cm au-dessus du sommet de la tête de

votre partenaire. Levez les mains, paumes écartées de quelque 50 cm se faisant face.

6 Abaissez lentement les mains vers le sommet de la tête, tout en les joignant. Arrêtez si vous percevez une résistance. Explorez de vos mains le champ énergétique du chakra couronne. Souvent, celui-ci est éloigné d'environ 15 cm de la tête, la distance variant en fonction de la sensibilité et du développement spirituel.

7 Passez au chakra du 3e œil et positionnez vos mains aussi haut que vous le pouvez au-dessus de la zone des sourcils, écartées d'environ 50 cm. Faites-les descendre lentement en les joignant, jusqu'à percevoir une résistance. Explorez de vos mains le champ énergétique du chakra du 3e œil. Procédez très doucement, car cette zone est très sensible chez la plupart des personnes suivant la voie spirituelle.

8 Répétez le processus et percevez les sept chakras principaux.

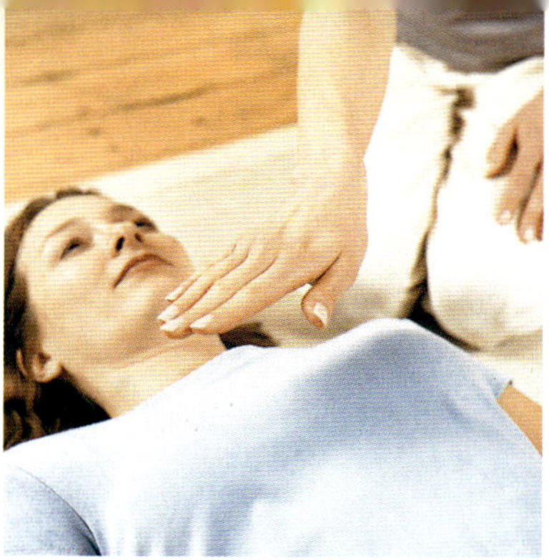

Percevez le chakra de la gorge en faisant descendre vos mains jointes jusqu'à sentir une résistance.

9 Le chakra racine a l'énergie la plus lente et la plus facile à percevoir. Vous devez vous tenir debout aux pieds de votre partenaire, vos mains juste en dessous de ses pieds et entre eux. Déplacez très lentement la main vers lui, jusqu'à percevoir une résistance.

10 À la fin de la séance, détachez-vous de l'énergie de votre partenaire et ancrez-vous en demandant à l'Archange Raphaël d'ancrer, sceller, fermer et protéger vos chakras et votre aura, ainsi que ceux de votre partenaire. Prenez des notes et, si nécessaire, partagez avec votre partenaire vos découvertes.

Radiesthésie des chakras

Nombre de techniques permettent de travailler avec les chakras, dont l'utilisation d'un pendule en quartz clair. Un pendule en quartz clair long d'environ 5 cm, taillé symétriquement et équilibré, suspendu à une chaîne d'argent, est le plus approprié de par son large spectre d'énergies curatives. De plus, il peut être facilement nettoyé, consacré et programmé pour le travail avec le monde angélique.

Le thérapeute doit trouver un quartz qui soit naturellement en harmonie avec son champ énergétique. En tenant le quartz près de son plexus solaire, il en percevra très fortement la résonance. Son énergie pranique pénétrera dans le pendule de quartz pour le charger en énergie.

Avant de procéder à une radiesthésie, vous devez établir le modèle "oui" et "non" de votre pendule. Le quartz clair est facile à utiliser.

COMMENT DÉTERMINER LES RÉPONSES "OUI" ET "NON" POUR VOTRE PENDULE

Si vous débutez, vous devez établir si le pendule de votre choix résonne avec votre champ énergétique, sinon vous n'arriverez pas à déterminer vos réponses "oui" et "non". Ce dialogue avec votre pendule est très personnel. Certains constatent que leur pendule oscille dans le sens des aiguilles d'une montre pour "oui" et dans le sens contraire pour "non". Le vôtre peut être différent, mais tant que vous savez quel sens représente le "oui" et lequel le "non", peu importe. Avant le début de chaque séance de radiesthésie, vérifiez que les mouvements "oui" et "non" de votre pendule sont toujours les mêmes.

IL VOUS FAUT

Un pendule en quartz clair accroché à une chaîne d'argent.

PROCÉDURE

1. Tenez la chaîne du pendule entre le pouce et l'index de votre main droite, la main gauche au-dessous du pendule. Assurez-vous que le pendule est parfaitement immobile ; s'il est en accord avec votre champ énergétique, il commencera à "trembler".

2. Si le pendule n'entre pas immédiatement en résonance, essayez de le tenir devant votre chakra du plexus solaire. Si cela ne marche pas, tenez-le devant le chakra du cœur.

3. Immobilisez le pendule et demandez mentalement ou à haute voix qu'il bouge pour dire "oui". Attendez quelques instants que le mouvement se précise.

4. Immobilisez le pendule et demandez qu'il bouge pour dire "non", mouvement différent de celui pour "oui".

Purification des chakras

La purification des chakras est réalisable grâce à plusieurs techniques. L'utilisation d'un pendule en quartz clair est parmi les plus faciles, spécialement lorsqu'on est accordé aux anges de guérison. Les anges guident le pendule vers les zones de déséquilibre des chakras. La radiesthésie des chakras peut être utilisée pour purifier, charger en énergie, fortifier, aligner et harmoniser l'ensemble du système des chakras.

Les pendules en quartz et en améthyste offrent un large spectre d'énergies curatives.

COMMENT PURIFIER LES CHAKRAS

IL VOUS FAUT

Un pendule en quartz clair accroché à une chaîne d'argent.

PROCÉDURE

1 Invoquez l'Archange Zadkiel et sa flamme violette de transformation qui changera tout blocage énergétique ou énergie négative en énergie positive.

2 Déterminez les réponses “oui” et “non” de votre pendule, puis tenez-le tour à tour sur chaque chakra en demandant si celui-ci a besoin de purification.

3 Descendez à partir du chakra couronne. Si un chakra a besoin de purification, tenez le pendule au-dessus de lui et laissez-le agir – il bougera d'habitude dans le sens contraire aux aiguilles d'une montre. Visualisez la flamme violette au-dessus des chakras à mesure que les blocages sont éliminés.

4 Une fois tous les chakras traités, vous êtes prêt à les charger en énergie curative positive pour leur conférer équilibre et alignement (voir pages 228 et 229, Équilibrage des chakras).

5 Une autre méthode de purification consiste à tenir tour à tour au-dessus de chaque chakra vos mains écartées d'environ 20 cm, paumes tournées vers votre partenaire. Répétez les étapes 3 et 4 précédentes.

Pour purifier les chakras, je me sers d'un éventail en plumes et d'une essence d'améthyste (voir page 283 pour la préparation des essences de gemmes et page 312, Améthyste). J'asperge d'essence d'améthyste chaque chakra qui, d'après mon intuition ou analyse, a besoin de purification. Je nettoie ensuite chaque chakra par des mouvements de balayage montants de l'éventail en plumes.

Équilibrage des chakras

En voici deux parmi les nombreuses techniques d'équilibrage des chakras.

Pratiquer la radiesthésie sur le chakra du cœur élimine et rétablit rapidement les déséquilibres émotionnels.

COMMENT ÉQUILIBRER LES CHAKRAS AVEC UN PENDULE

IL VOUS FAUT

Un pendule en quartz clair accroché à une chaîne d'argent.

PROCÉDURE

1 Invoquez l'Archange Raphaël et ses anges de guérison avant de commencer.

2 Tenez votre pendule au-dessus des chakras de votre partenaire, en partant du chakra couronne et en descendant progressivement.

3 Laissez l'énergie curative dirigée par l'Archange Raphaël entrer tour à tour dans les chakras – grâce au mouvement du pendule dans le sens des aiguilles d'une montre.

4 Quand le pendule a rechargé en énergie un chakra, passez au chakra suivant. Vous saurez que le moment de continuer est venu lorsque le pendule ne bouge plus.

COMMENT ÉQUILIBRER LES CHAKRAS AVEC VOS MAINS

PROCÉDURE

1 Invoquez l'Archange Raphaël et ses anges de guérison. Normalement, vous percevez cette énergie se déverser par le sommet de votre tête et descendre vers le chakra du cœur avant d'arriver à vos bras et à vos mains et de sortir par les chakras des paumes.

2 Dès que vous sentez circuler puissamment l'énergie curative, placez tour à tour au-dessus des chakras vos mains écartées d'environ 20 cm, paumes tournées vers votre partenaire. Partez du chakra couronne et descendez progressivement.

3 Votre intuition vous dira quand passer au chakra suivant.

L'aura

Les cultures anciennes savaient que le corps humain, au-delà de sa forme physique, est un champ énergétique dynamique. En l'observant, ils ont développé leur connaissance de ces énergies subtiles entourant et imprégnant la forme humaine.

En sanskrit, ce champ énergétique subtil est appelé *kosa* (enveloppe corporelle) – la médecine complémentaire moderne l'appelle champ énergétique biomagnétique ou aura. Le terme "aura" vient du latin *aura*, "brise". L'aura est formée de sept plans en corrélation avec les sept chakras principaux. Le plan visible (le corps physique) est suivi de plans aux vibrations de plus en plus subtiles. Chaque aura est différente et change constamment avec la modification des pensées, des humeurs, de l'environnement et de la santé.

Les déchirures et l'épuisement auriques peuvent être provoqués par une mauvaise santé, des pensées négatives, des polluants environnementaux, de mauvaises habitudes alimentaires, des substances addictives, du stress. Les déséquilibres auriques provoquent une perte de vitalité qui affaiblit le champ énergétique. Les blocages énergétiques prennent l'apparence de zones sombres sur l'aura.

Plans auriques. Chaque plan aurique a sa propre fonction et conscience énergétique. Les plans de l'aura sont soit fixes (le premier, le troisième, le cinquième et le septième), soit mobiles (le second, le quatrième et le sixième). Le plan le plus proche du corps physique est le plan éthérique. Bleu pâle ou gris clair, celui-ci est une copie exacte du plan physique. Renfermant des points de lumière et bougeant rapidement, il garde les souvenirs de la formation du corps physique.

Une aura dans les couleurs pastel de l'arc-en-ciel signale un chakra du cœur équilibré et joyeux.

Le second plan est une masse en constant tourbillonnement de couleurs qui changent en même temps que les émotions. Le troisième plan, jaune, se rapporte au corps mental abritant les processus réflexifs. Le quatrième plan, aux nuances pastel, concerne l'énergie du cœur. Pleinement développé, il ressemble à un arc-en-ciel pastel.

Le cinquième, sixième et septième plans sont bleu vif, or et bleu argenté à or chatoyant et correspondent au développement spirituel – ils sont faciles à observer chez la plupart des gens.

Perception de l'aura

Il faut de la pratique pour percevoir les auras. La technique ci-contre enseigne à percevoir l'aura d'une personne.

Pour percevoir le chakra du 3e œil, demandez à votre partenaire de s'allonger sur le dos.

COMMENT PERCEVOIR L'AURA D'AUTRUI

IL VOUS FAUT

Un partenaire disposé à vous aider.

PROCÉDURE

1 Demandez à votre partenaire de se tenir debout, pieds écartés de quelque 30 cm, genoux détendus et légèrement fléchis, pour maintenir la circulation régulière de son énergie et son "ancrage". La respiration est relaxée et normale.

2 Tenez-vous à environ 2 mètres de distance du partenaire et chargez en énergie vos chakras des paumes (voir page 220). Prenez une inspiration profonde et relaxez-vous, laissez aller toutes les pensées et les émotions négatives et concentrez-vous totalement sur le champ énergétique du partenaire.

3 Faites face au partenaire, mains tendues devant vous, paumes tournées vers l'avant, et avancez lentement vers lui. Utilisez votre intention concentrée et essayez de placer votre conscience dans les chakras des paumes. Imaginez-les comme une autre paire "d'yeux".

4 Maintenez cette intention concentrée sur votre partenaire et essayez de percevoir le "bord" de son aura, d'habitude ovale. Dès que vous percevez son champ énergétique (une résistance, un changement de température ou un picotement) commencez à tourner autour du partenaire, définissant avec vos mains les limites de son aura.

5 Faites monter vos mains au-dessus de sa tête et puis descendez-les vers ses pieds. Tournez autour de lui en percevant son champ énergétique. Notez sa forme et la sensation qu'il laisse.

6 Détendez-vous et laissez le partenaire se détendre, puis essayez de percevoir le plan aurique suivant. Passez par tous les plans, en vous relaxant un instant entre eux.

7 Certaines zones semblent trop chaudes ou trop froides. Si c'est approprié, partagez avec le partenaire vos découvertes.

Équilibrer l'aura

Plusieurs techniques permettent de travailler avec l'aura. De par son large spectre d'énergies curatives, le pendule de quartz clair est l'une des plus faciles et des plus efficaces. Ce pendule cherche naturellement les zones de déséquilibre de l'aura et élimine les blocages énergétiques anciens. La radiesthésie convient pour nettoyer, charger en énergie, fortifier, aligner, harmoniser et intégrer chaque plan de l'aura. Elle comble les trous et arrête les fuites d'énergie, tout en conférant protection.

Cette technique peut être pratiquée avec un ami ou un partenaire.

Un pendule en quartz clair sur une chaîne en argent guérit les déséquilibres auriques.

COMMENT ÉQUILIBRER L'AURA EN UTILISANT UN PENDULE

IL VOUS FAUT

Un pendule en quartz clair sur une chaîne d'argent.

PROCÉDURE

1 Demandez à votre partenaire de s'allonger, puis tenez le pendule juste au-dessus de son corps.

2 Commencez à faire osciller doucement le pendule en arrière et en avant, en position neutre. À chaque fois qu'il sort de ce mouvement neutre, le pendule a trouvé un déséquilibre.

3 Laissez-le bouger au-dessus du déséquilibre, soit jusqu'à ce qu'il revienne à l'oscillation neutre, soit jusqu'à ce qu'il s'arrête. D'habitude, un mouvement dans le sens des aiguilles d'une montre signale un apport d'énergie, dans le sens contraire, une perte d'énergie.

4 Commencez la radiesthésie depuis la ligne de centre du corps, en montant d'en dessous des pieds jusqu'au-dessus de la tête. Laissez-vous guider par le pendule et par votre intuition. Soyez prêt à bouger le pendule vers le haut et vers le bas en traversant les strates auriques.

5 Passez sur le côté du corps de votre partenaire et, en suivant son contour naturel, tournez autour de lui dans le sens des aiguilles d'une montre.

6 Utilisez une fois de plus le pendule, toujours dans le sens des aiguilles d'une montre, mais cette fois-ci à environ 45 cm de distance de votre partenaire.

7 À la fin de la séance, détachez-vous de l'énergie de votre partenaire et ancrez-vous correctement en demandant à l'Archange Raphaël d'ancrer, de sceller, de fermer et de protéger vos chakras et votre aura, ainsi que ceux de votre partenaire.

Autoguérison

On n'a pas à être malade pour entamer le processus d'autoguérison. De nombreux maux et troubles physiques ont une source psychologique. La technique suivante soulage les souffrances émotionnelles ou mentales, l'inconfort physique, de même que la douleur aiguë ou le stress.

L'Archange Raphaël, en sa qualité d'ange superviseur de la guérison, guide tous les guérisseurs. Il est le médecin du monde angélique, le guérisseur divin des hommes.

COMMENT ÉQUILIBRER ET GUÉRIR LES CHAKRAS

PROCÉDURE

1 Répétez les étapes 1 à 3 ci-contre.

2 En partant du chakra racine, placez vos mains doucement sur votre corps et laissez-le se remplir d'énergie curative. Quand votre intuition vous le dit, passez au chakra sacré et répétez le processus.

3 Traitez tous vos chakras et terminez par le chakra couronne. En plaçant vos mains sur le sommet de votre tête, liez-vous avec votre moi supérieur.

4 Pour finir, inspirez la lumière émeraude. Quand vous êtes prêt, ramenez votre conscience à la normale.

COMMENT PRATIQUER L'AUTOGUÉRISON

IL VOUS FAUT

Un CD de musique apaisante.

PROCÉDURE

1 Commencez par invoquer l'Archange Raphaël et demandez-lui de guider vos mains.

2 Asseyez-vous sur une chaise confortable et assurez-vous de ne pas être dérangé. La musique apaisante favorise le processus initial d'autorelaxation.

3 Demandez à l'Archange Raphaël de vous envoyer une sphère vert émeraude d'énergie curative. Percevez cette énergie au-dessus de votre tête.

4 Cette énergie remplit votre chakra couronne, puis descend sur votre corps et s'ancre dans votre chakra du cœur.

5 Laissez-la descendre par vos bras, sortir par les chakras de vos paumes et remplir votre aura.

6 Vos mains se laissent guider et se posent sur les zones exigeant une guérison. Si votre corps présente des points douloureux, vos mains placées là pendant quelques minutes atténueront la douleur ou la feront disparaître.

Guérir les autres

Le client doit boire beaucoup d'eau avant et après chaque séance de guérison pour faciliter l'élimination des blocages énergétiques et de la toxicité émotionnelle. Le thérapeute doit faire pareil et se préparer en se relaxant et en devenant conscient de sa respiration.

COMMENT GUÉRIR LES AUTRES

PROCÉDURE

1 Le client s'allonge sur le dos avec des coussins sous la tête et les genoux.

2 Demandez à l'Archange Raphaël de vous envoyer une belle sphère vert émeraude d'énergie curative. Voyez-la flotter au-dessus de votre tête. Laissez-la pénétrer dans le chakra couronne, descendre dans votre corps, s'ancrer dans le chakra du cœur.

3 Cette énergie descend par vos bras et sort par vos chakras des paumes. Placez vos mains sur le client – votre intuition vous dira

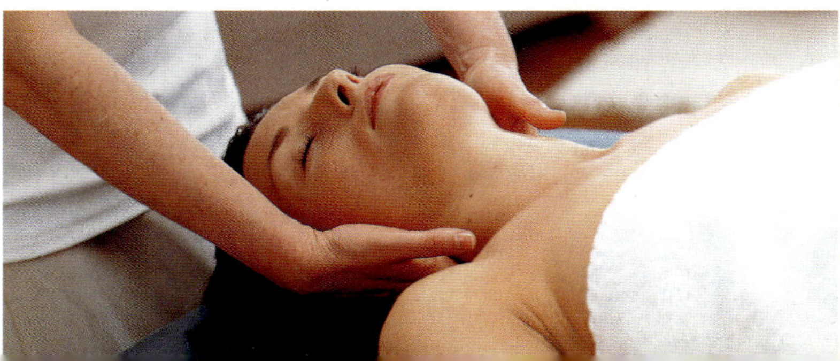

combien de temps les garder sur chaque position (normalement, de 3 à 5 minutes.

4 Positionnez-vous au niveau de la tête de votre client. Vous pouvez vous asseoir pour les cinq premières positions des mains.

5 Placez vos paumes sur le sommet de sa tête et laissez-les là.

6 Placez vos mains sur ses yeux.

7 Tenez délicatement sa tête, vos mains en dessous.

8 Placez la base de vos paumes de chaque côté de son cou, paumes et doigts posés légèrement sur sa gorge.

9 Placez vos pouces juste en dessous de ses clavicules et alignés avec celles-ci, paumes tournées vers son sternum.

10 Passez sur le côté du client pour traiter les régions du cœur, du plexus solaire et de l'estomac. Placez vos mains sur sa cage thoracique sur une ligne droite, à travers la base de son sternum.

11 Placez vos mains sur une ligne droite juste au-dessus de sa taille.

12 Placez vos mains juste en dessous de sa taille, au niveau des hanches.

13 Passez à ses jambes et descendez-les progressivement. Travaillez tour à tour sur chaque jambe ou sur les deux à la fois.

14 Passez à ses pieds et positionnez-vous au bout de la table de travail. Traitez la pointe des pieds, puis placez vos mains sur leur plante.

15 Placez vos paumes à environ 10 cm entre la plante de ses pieds. Utilisez votre intuition pour observer l'équilibre de la polarité masculin/féminin de votre client. Le pied droit représente la polarité masculine, le pied gauche, la polarité féminine. Gardez vos mains en cette position jusqu'à l'arrêt du mouvement énergétique. Cela fortifie le squelette et ramène totalement votre client dans son corps physique, signe de la fin du traitement.

Guérison à distance

La guérison à distance ou la guérison des personnes absentes est une excellente façon de débuter la pratique de la guérison angélique. C'est aussi une manière très puissante de travailler avec l'Archange Raphaël. En outre, elle n'exige pas d'"attirail" matériel (cabinet, table de travail). La guérison à distance développe la conscience multidimensionnelle des énergies curatives qui entourent tous les habitants de la Terre. Sous sa forme la plus simple, c'est une prière dite à l'intention de la personne qui a demandé de l'aide.

LA SPHÈRE D'ÉMERAUDE D'ÉNERGIE CURATIVE ANGÉLIQUE DE L'ARCHANGE RAPHAËL

PROCÉDURE

1 Décidez à qui vous voulez envoyer la guérison.

2 Lavez-vous les mains à l'eau froide et séchez-les soigneusement.

3 Asseyez-vous tranquillement sur une chaise confortable, prenez quelques profondes respirations relaxantes et appelez l'Archange Raphaël.

4 Sensibilisez vos mains en les secouant doucement. Puis frottez rapidement plusieurs fois vos paumes l'une contre l'autre, en un mouvement circulaire, pour accumuler le *chi*.

5 Vos paumes écartées d'environ 20 cm se font face. Sentez l'énergie rayonner et vibrer ainsi entre vos mains, jouez avec elle (sensation collante).

6 Commencez à façonner cette énergie en une sphère de couleur vert émeraude.

7 Demandez à l'Archange Raphaël de bénir et de charger cette sphère émeraude de sa puissante énergie curative.

8 Lorsque la sphère pulse d'énergie curative, envoyez-la à la personne concernée. Imaginez cette personne l'absorber, voyez-la souriante, forte et en bonne santé.

Obtenez la permission de pratiquer une guérison à distance. Si c'est impossible, dirigez l'énergie pour qu'elle serve au plus grand bien de tous.

Guérison planétaire

Beaucoup de gens expriment le désir d'aider les autres, spécialement après avoir vu des situations catastrophiques. Ils portent le fardeau de ces visions de souffrance inimaginable et sont guidés à demander l'aide angélique.

L'Archange Sandalphon est le gardien de la Terre, chargé de la guérison de la planète. En envoyant la guérison planétaire, on ne doit pas supprimer ses propres émotions, car cela provoquera des blocages et affectera sa santé. Il faut se concentrer sur les sentiments et les émotions que les images obsédantes ont suscitées. Cela atténuera les sentiments de détresse et dirigera l'énergie là où elle est la plus nécessaire.

Lorsqu'on voit la Terre depuis l'espace, il est facile de percevoir l'interconnexion de la vie.

COMMENT PRATIQUER LA GUÉRISON PLANÉTAIRE

PROCÉDURE

1 Asseyez-vous confortablement sur une chaise, pieds sur le sol.

2 Visualisez des racines descendant de la plante de vos pieds dans le sol, vous fortifiant. Respirez naturellement, pour que vos circuits énergétiques fonctionnent sans heurts.

3 Appelez Sandalphon et accordez-vous à son énergie. Percevez l'énergie pénétrant dans votre chakra couronne, passant dans votre chakra du cœur, avant de descendre par vos bras dans vos mains et pénétrer dans les chakras des paumes.

4 Laissez-vous entourer de cette énergie, souvent perçue comme une sphère de lumière arc-en-ciel. Vous êtes maintenant prêt à transmettre l'énergie curative angélique.

5 Visualisez le tourbillon arc-en-ciel allant de vous vers la région choisie et être absorbé par la situation et tous les gens concernés. Cette région sera éclairée de lumière arc-en-ciel chatoyante.

6 À mesure que vous l'observez, devenez conscient de tous ceux qui envoient des arcs-en-ciel d'espoir. Ce sont les enfants de lumière – les guerriers de l'arc-en-ciel. Laissez votre énergie fusionner avec la leur et percevez l'intensification de la force globale.

7 Beaucoup de "travailleurs de lumière" méditent tous les jours et envoient de l'énergie curative en tant qu'arcs-en-ciel. Ils savent que la planète et les personnes dans le besoin la recevront sous sa forme la plus appropriée pour eux. Vous aurez maintenant l'impression d'être une partie de cette puissante énergie angélique.

8 Pour finir, détachez-vous de l'énergie. Ancrez-vous et demandez à l'Archange Raphaël d'ancrer, de fermer, de sceller et de protéger les chakras et l'aura.

Équilibrer les émotions

Les émotions sont associées à l'élément eau. Cet élément a une signification unique pour les hommes, dont la majeure partie du poids corporel est formée d'eau, milieu des substances nutritives essentielles pour la vie.

Pareillement, les émotions nourrissent les hommes, leur conférant la fluidité nécessaire pour qu'ils exploitent leur potentiel plénier – physiquement, mentalement et spirituellement. Comme l'eau, les émotions changent constamment, affluent et refluent, favorisant l'évolution du corps, du mental et de l'âme. Parfois, les émotions se figent et restent bloquées dans un espace restrictif, souvent destructif, qui entrave la capacité à ressentir pleinement la joie, ainsi que la créativité.

L'eau bout, puis s'évapore – phénomène incarné par la colère, la perte, la vanité. La turbulence émotionnelle est suscitée par la suppression ou le déni des émotions. Beaucoup de gens renferment en eux une considérable énergie émotionnelle non résolue, principale cause du stress et de la tension de leur vie.

Chamuel soulage la tension. Le Rayon rose de l'Archange Chamuel relâche la "vapeur" du stress émotionnel. Il rétablit l'équilibre sans supprimer le processus de libération. Ce rayon favorise la relaxation et l'acceptation du point où on se trouve dans la vie et de ce qu'on doit gérer sans laisser les fausses idées se transformer en colère, en haine et en ressentiment. de plus, il motive, ce qui fait changer les sentiments de complaisance en tranquillité sereine.

COMMENT EXPIRER LA TURBULENCE ÉMOTIONNELLE

PROCÉDURE

1 Asseyez-vous sur une chaise confortable et assurez-vous de ne pas être dérangé.

2 Invoquez l'Archange Chamuel et demandez-lui de vous envoyer une sphère rose d'énergie émotionnelle curative pour éliminer la tension, la turbulence et le stress émotionnels.

3 Voyez descendre cette sphère rose sur la partie de votre corps renfermant une souffrance émotionnelle (si vous n'êtes pas sûr du lieu où celle-ci est emmagasinée, demandez à l'Archange de la positionner sur votre chakra du cœur).

4 En prenant une inspiration profonde, imaginez que l'air est concentré à travers la sphère rose. Sur chaque inspiration, celle-ci dissipera le stress, la turbulence et la tension.

5 Sur chaque expiration, sentez se dissiper les émotions accumulées.

6 Sentez-vous nourri par l'amour curatif angélique qui vous entoure d'une sphère rose doré de lumière flamboyante. Restez avec cette énergie tant que vous le voulez. Pour finir la séance, ancrez-vous, fermez-vous et protégez-vous.

En travaillant sur des questions émotionnelles, fiez-vous au processus, respirez lentement à fond.

Harmoniser les relations

L'Archange Chamuel et les anges d'amour aident à renouveler et à améliorer les relations avec les autres en favorisant le développement du chakra du cœur. Tout ceci est accompli grâce à son beau rayon rose, qui représente la capacité d'aimer et de soigner les autres, de donner et de recevoir l'amour sans condition et sans aucun intérêt personnel. Cet amour transcende et transforme le moi et conduit, à travers la compassion, vers la compréhension divine.

Chamuel joue un rôle important sur le chemin de l'illumination. Même si on ne travaille qu'avec lui, Chamuel guide vers le "cœur unique" sur les ailes de l'amour infini. Beaucoup de gens ont peur d'ouvrir leur cœur. Ceux qui ont été capables de surmonter cette peur font montre d'une chaleur charismatique que les autres trouvent rassurante et apaisante.

Il assiste toutes les relations, spécialement lors des situations qui changent la vie – divorce, deuil, perte d'emploi – et permet d'apprécier les relations amoureuses déjà présentes.

L'Archange Chamuel dit : "Seule l'énergie d'amour contenue dans tout objectif donné confère valeur, beauté et contentement durables à toute création. Lorsqu'on a un vrai amour et compassion pour soi-même, on a le pouvoir d'aimer sans condition, ce qui transforme instantanément l'énergie négative en énergie curative bénéfique".

TECHNIQUE D'HARMONIE

PROCÉDURE

1 Asseyez-vous confortablement et assurez-vous de ne pas être dérangé pendant un moment.

2 Invoquez l'Archange Chamuel et demandez-lui de vous envoyer deux sphères de sa belle énergie curative rose.

3 Gardez-en une et envoyez l'autre à la personne avec laquelle vous désirez consolider, améliorer ou renouveler une relation affectueuse et harmonieuse.

4 Tenez votre propre sphère rose dans vos mains et regardez dans ses profondeurs, non seulement avec vos yeux, mais aussi avec votre cœur. Elle vous aidera à voir plus clairement.

5 Utilisez les sphères roses de l'Archange Chamuel dans toute situation chargée d'une énergie de conflit en demandant à celui-ci d'en entourer toutes les personnes concernées. La tension diminuera et une solution paisible sera trouvée.

Inspiration et illumination

L'énergie curative angélique possède une "intelligence naturelle" qui va là où l'aide est la plus nécessaire. La sagesse des anges dépasse notre compréhension.

Le rayon solaire de l'Archange Jophiel illumine la voie des hommes en les aidant à voir au-delà des apparences, afin de comprendre les situations dans lesquelles ils sont impliqués. Il règle les problèmes et permet de regarder la vie depuis une perspective plus subtile.

Son énergie peut être utilisée lorsqu'un besoin de clarté mentale se fait sentir – examen, nouvel emploi, apprentissage de nouvelles informations et savoir-faire.

Quelques points-clés sont à retenir lorsqu'on aide les autres grâce à l'énergie curative angélique : se fier au processus, laisser les anges guider l'énergie curative et rester connecté à sa respiration lors de la thérapie. La personne ayant besoin de guérison est son propre guérisseur, le praticien n'étant qu'un canal pour l'énergie curative angélique.

PRATIQUER LA TECHNIQUE D'ILLUMINATION/INSPIRATION

IL VOUS FAUT

Un partenaire pour la pratique.

PROCÉDURE

1 Avant de commencer, demandez à votre partenaire s'il désire que la technique de l'illumination/l'inspiration l'éclaire. A-t-il l'impression que sa créativité est bloquée ? Manque-t-il d'enthousiasme et d'énergie ? A-t-il besoin d'inspiration pour un problème présent ?

2 Demandez-lui de s'allonger sur le dos sur la table de travail. Placez des coussins sous sa tête et ses genoux. Ayez une couverture à portée de main, si nécessaire.

3 Asseyez-vous sur une chaise à dossier droit à côté de la table de travail, près de la tête de votre partenaire.

4 Une fois confortablement assis, pieds sur le sol, invoquez l'Archange Jophiel et demandez-lui de vous envoyer une sphère dorée d'énergie pour l'inspiration et l'illumination.

5 La sphère dorée descend juste au-dessus du sommet de votre tête. Percevez votre connexion avec l'Archange Jophiel et soyez conscient qu'il guide le processus.

6 Placez la main droite sous la tête de votre partenaire, à la base du crâne (légèrement au-dessus de la nuque), la main gauche sur le sommet de sa tête, sur le chakra couronne.

7 Visualisez la sphère dorée partant d'au-dessus de votre tête et pénétrant dans la tête de votre partenaire. Utilisez votre intention focalisée et voyez-la se répandre dans l'ensemble de son corps et de son aura, l'enveloppant entièrement d'un éclat doré.

8 Accordez 20 minutes au processus. Partagez avec votre partenaire toute découverte faite pendant la séance de guérison.

Protection

L'Archange Michaël est le protecteur de l'humanité, le commandant suprême des archanges, qui conduit les forces célestes, ses "légions de lumière", contre le mal (les vices humains inspirés par les démons : colère, haine, négativité, cruauté, hostilité, conflit). On pourrait dire que c'est l'ange gardien ultime.

Être de lumière, magnifique, rayonnant, d'une splendeur impressionnante, l'Archange Michaël, fréquemment représenté montant un cheval blanc (symbole du pouvoir spirituel pur), et transperçant de sa lance un dragon en train de se tordre. Symboliquement, l'Archange Michaël tue l'aspect inférieur de la personnalité humaine, l'auto-destruction renfermant la peur et la limitation, permettant ainsi à la connexion du mental supérieur avec l'âme d'émerger telle qu'un phénix, comme le dragon ailé de la sagesse suprême.

Appeler la protection. Avant de commencer une séance de guérison angélique, il est normal de faire appel à la protection de l'Archange Michaël et de ses légions de lumière. Pour que la guérison se produise, le client doit laisser aller ses souvenirs douloureux, conscients ou non. Au cours d'une séance de guérison angélique, ce phénomène se produit souvent spontanément. Parfois, il implique de revivre l'expérience dans sa totalité, ce qui, d'un point de vue émotionnel, risque de s'avérer aussi douloureux que l'événement réel.

Comme les gens sont incités à admettre leurs émotions et à accepter leur douleur afin de les maîtriser et de les éliminer, ils deviennent parfois coléreux, agités ou se mettent sur la défensive. La protection de l'Archange Michaël permet de rester ouvert, mais toujours équilibré et ancré dans l'amour inconditionnel.

LE MANTEAU PROTECTEUR DE L'ARCHANGE MICHAËL

PROCÉDURE

1 Appelez l'Archange Michaël à n'importe quel moment pour une protection immédiate. Il vous enveloppera de son manteau protecteur.

2 Pour l'appeler, dites : "Archange Michaël. Aide-moi ! Aide-moi ! Aide-moi ! Archange Michaël. Protège-moi de tout mal."

3 Imaginez le manteau protecteur de l'Archange Michaël autour vous. Visualisez-le d'un bleu foncé, muni d'une capuche, vous couvrant (ou l'un de vos proches) des pieds à la tête.

Un cheval blanc représente le pouvoir spirituel pur, qui est utilisé avec sagesse.

Harmoniser les polarités masculine et féminine

Les Chinois utilisent le concept du yin et du yang pour exprimer l'équilibre de la circulation de l'énergie dans le corps. Complémentaires, ces attributs sont en constante interaction. Aucun ne peut exister sans l'autre. Leur affinité mutuelle a un effet direct sur la santé et l'harmonie.

Le yin est féminin, négatif, calme, intérieur, tendre, descendant, obscur, accommodant, réaction. Le yang est masculin, positif, actif, extérieur, dur, montant, clair, énergique, action. On peut équilibrer ou harmoniser ces deux contraires apparemment conflictuels en comprenant que chaque action suscite une réaction et que les lois naturelles de la matière sont transcendées – on est dans le "moment". On n'est pas son passé (action) ; on n'est pas son futur (réaction) ; on est.

Le yin/yang est le symbole taoïste de la force universelle – le yin est la force féminine réceptive et calme, le yang, la force masculine active et ardente.

Comprendre l'éternité. Une fois le "moment" saisi, ne serait-ce qu'un infime instant, on gagne une compréhension de l'éternité, de l'éternel moment du "maintenant". On transcende les lois de la physique newtonienne et on entre dans la physique quantique où tout est unité, les mystères anciens sont dévoilés et la sagesse visible dans la vérité ultime.

Pour transcender la dualité et vivre dans le moment, on doit faire appel à Métatron, qui ouvrira le chakra couronne et intégrera les chakras transcendantaux, apportant croissance spirituelle et alchimie cosmique sans précédent.

Lorsqu'on est prêt à travailler avec l'Archange Métatron, on est prêt à travailler à la guérison angélique "ultime". Cet accord avec Métatron réconciliera les opposés qui doivent être harmonisés avant qu'un équilibre soit établi.

COMMENT ÉQUILIBRER LES POLARITÉS

PROCÉDURE

1 Asseyez-vous confortablement et respirez naturellement pour que votre énergie circule sans entraves.

2 Demandez à l'Archange Métatron de vous envoyer sa sphère de lumière blanche pure. En vous accordant à cette énergie, visualisez-la très haut au-dessus de votre tête sous la forme d'une colonne de lumière.

3 En laissant cette lumière descendre pour enfermer tout votre corps dans un pilier de lumière, chacun des chakras transcendantaux situés au-dessus de votre tête est activé, intégré et harmonisé. Ce processus suscite un transfert d'informations qui, avec le temps et une utilisation continue, activeront votre "corps de lumière" et mettront fin à l'illusion de dualité de l'ego.

Favoriser la croissance spirituelle

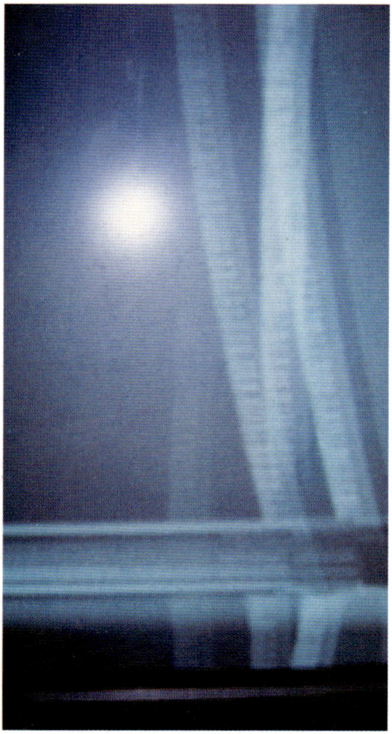

Pour accroître la perception des anges, la conscience doit être élevée. Lorsqu'on travaille avec l'Archange Gabriel, celui-ci enseigne à chercher l'aide angélique à travers l'invocation, le rituel, la méditation et les rêves. Certains s'enlisent en intellectualisant les anges, en tentant de les comprendre logiquement. La planète de Gabriel est la Lune dont il utilise énergie féminine intuitive et passive pour favoriser l'interprétation des rêves et des visions. Il se sert également de l'énergie magique de la Lune pour inspirer l'humanité pendant son sommeil.

Depuis la nuit des temps, la Lune a été révérée comme un symbole de direction. Les mythes affirment que la Lune a une grande influence sur l'ensemble du monde vivant. Plus la Lune croît, plus elle exerce d'empire sur le mental et le pouvoir psychique.

COMMENT FABRIQUER UNE AMULETTE LUNAIRE MAGIQUE

Cette amulette engendre un puissant champ énergétique autour de vous lorsque vous la portez, l'avez sur vous ou dormez avec elle. L'amulette scelle et protège l'aura.

IL VOUS FAUT

Pierre de lune bleue
Bougie-coupelle blanche (dans un vase, si vous êtes au grand air)

PROCÉDURE

1 Pour ce rituel angélique, préférez un lundi, jour dédié à la Lune, au premier quartier lunaire, ce qui favorisera les charmes de croissance et attirance (vous cherchez la croissance spirituelle). Le rituel peut être effectué à l'extérieur. Si vous le pratiquez dans la maison, vous devez apercevoir la Lune à travers une fenêtre ouverte.

2 Allumez la bougie-coupelle avant de commencer le rituel. Demandez à l'Archange Gabriel de vous charger en pouvoir et de superviser le processus.

3 Tenez la pierre de lune dans la main gauche, féminine, intuitive.

4 Asseyez-vous en une posture de méditation confortable.

5 Prenez quelques respirations lentes et profondes, l'expiration plus lente que l'inspiration. Imaginez que vous absorbez les énergies de la Lune.

6 Sentez votre corps se remplir de la lumière de la Lune.

7 Quand votre intuition vous l'enjoint, insufflez cette énergie dans la pierre de lune.

8 Tenez la pierre de lune à votre chakra du cœur et demandez à l'Archange Gabriel de le charger de cette énergie magique ; passez au chakra du 3e œil et demandez sa bénédiction.

9 Portez la pierre de lune tous les jours ou dormez avec elle pour améliorer la croissance spirituelle.

Laisser aller le passé

On doit laisser aller la douleur du passé pour trouver la paix intérieure. Si on regarde sans cesse en arrière et si on se rappelle seulement les moments difficiles, on retarde la croissance spirituelle et on limite la capacité d'éprouver le bonheur. Tout sentiment de nostalgie, de mal du pays, de regret d'avoir raté une occasion, d'ambitions ou de rêves non réalisés bloquera lui aussi l'énergie vitale.

Dans l'état émotionnel négatif de la perte permanente, le passé est parfois excessivement idéalisé, affaiblissant par là la connexion avec le présent. Si on se retrouve à un point difficile de sa vie de par une lourde perte personnelle ou un considérable traumatisme émotionnel, le rituel suivant et l'invocation des quatre grands archanges permettront de se tenir une fois de plus au centre du cercle de son être.

Ce cercle de cristaux est un symbole de la Terre où toutes les choses vivantes sont égales et sacrées.

CERCLE ANGÉLIQUE SACRÉ

Dans la plupart des traditions, le cercle représentant le voyage de la vie est sacré, cercle de pouvoir assez semblable à la "roue de guérison" des tribus amérindiennes.

PROCÉDURE

1 Disposez des bougies coupelles ou de cristaux en cercle ou tracez mentalement un cercle de feu.

2 Asseyez-vous au centre de votre cercle en faisant face à l'est.

3 Appelez tour à tour chacun des quatre grands archanges, à haute voix ou silencieusement. Attendez que l'un soit ancré avant d'appeler le suivant.

4 Dites : "Devant moi, Raphaël, ange de l'est"(visualisez une lumière verte avec une aura dorée), "Derrière moi, Gabriel, ange de l'ouest" (visualisez une lumière orange avec une aura blanche), "À ma droite, Michaël, ange du sud" (visualisez une lumière jaune avec une aura bleu indigo), "À ma gauche, Uriel, ange du nord" (visualisez une lumière rouge avec une aura violette).

5 Concentrez-vous sur le chakra du cœur et voyez là l'Étoile de David – des triangles entrelacés (symbole du chakra du cœur et de l'équilibre).

6 Demandez mentalement aux quatre archanges de vous aider à laisser aller le passé. Cela vous aidera à bâtir une vie "présente" et "future" positive. Remerciez-les et laissez les énergies se "dissiper".

Transformation

L'énergie curative de l'Archange Zadkiel et ses anges de joie aident à transformer les souvenirs douloureux, les limitations, les blocages énergétiques, les défauts de personnalité et les dépendances du passé. Il faut décider de quoi on veut se libérer, puis invoquer l'Archange Zadkiel et lui demander d'envoyer sa flamme violette de transformation, énergie spirituelle de fréquence élevée (le violet est la longueur d'onde lumineuse la plus courte et la plus rapide, qui symbolise le point de transition entre le visible et l'invisible). Cette flamme transforme les énergies

Demandez à l'Archange Zadkiel de vous envoyer sa flamme violette de transformation pendant votre sommeil.

inférieures en énergie positive favorable à la vie. Le violet représente l'alchimie divine et le passage de l'énergie du plan physique élémentaire au plan divin non manifeste.

Utiliser la flamme violette. La flamme violette a de nombreuses utilisations dans la guérison angélique. Sa couleur varie du lilas le plus pâle à l'améthyste foncée. On l'utilise pendant la séance de guérison ou avant la méditation pour nettoyer toutes les zones du corps, du mental et des émotions et purifier tous les chakras de même que l'aura. Amplifie les autres énergies curatives et spirituelles et transforme toute énergie négative relâchée durant la séance de guérison.

TECHNIQUE D'AUTOGUÉRISON

PROCÉDURE

1 Asseyez-vous confortablement à un endroit où vous ne serez pas dérangé.

2 Respirez naturellement, relâchez toute tension de votre corps.

3 Demandez mentalement à l'Archange Zadkiel de vous envoyer sa flamme violette de transformation.

4 Sentez tout votre être englouti par la flamme violette. À mesure que celle-ci diminue et finit par se dissiper, la séance s'achève.

GUÉRIR LES AUTRES

À tout moment d'une séance de thérapie vous pouvez invoquer mentalement l'Archange Zadkiel et lui demander de nettoyer et de purifier toute zone (le corps physique, émotionnel, mental ou spirituel, les chakras, l'aura). Voyez la zone entourée par la flamme violette et laissez celle-ci se consumer complètement et transformer toute énergie négative ou blocage.

Anges akashiques : les vies antérieures

La consultation des archives akashiques permet de charger en énergie l'esprit humain et de se connecter à son moi supérieur, ce qui confère la capacité d'explorer ses vies antérieures, son dharma, son objectif de vie et ses vies parallèles.

Cet accès aide aussi à recevoir des impressions de ses vies passées et futures, de l'évolution planétaire et religieuse, des prophéties diverses. L'Archange Métatron est le conservateur et le gardien des archives akashiques.

Akasha est un mot sanskrit signifiant substance primordiale. Ces archives peuvent aussi être appelées "Livre de vie", "Intelligence cosmique", "Bibliothèque de vie", "Bibliothèque de Lumière", "Inconscient collectif", "Mental universel du Dieu/de la Déesse", "Recueils des âmes" (voir pages 56 et 57). Elles existent au-delà de l'espace et du temps et renferment des informations sur tout ce qui était, est ou sera.

Consulter Métatron. Les anges gardiens peuvent consulter l'Archange Métatron et les archives akashiques pour le compte d'une personne donnée. Comme ces archives sont la mémoire de tout événement survenu sur Terre, des actions de chaque personne et de tous les univers parallèles (selon les enseignements anciens, il y en a des milliards), l'Akasha est cosmos, pas chaos.

La plupart des êtres humains accèdent aux archives akashiques uniquement à travers les mondes mental et astral ("l'inconscient collectif" de Jung). Lorsqu'on travaille avec le moi supérieur et l'ange gardien, on accède à tous les plans, réalités et dimensions que l'Akasha pénètre et transcende. Toutefois, on ne

peut déchiffrer les “codes de lumière” dont sont formées les archives qu'en étant guidé par les êtres supérieurs.

Même avec l'aide du moi supérieur, de l'ange gardien et de Métatron, le mental humain perçoit souvent les “codes de lumière” en tant que symbolisme ou comme une bibliothèque où sont gardés des livres. À mesure qu'on transcende le mental humain, les codes de lumière sont transférés au chakra du cœur et à l'ADN, où ils sont déchiffrés et emmagasinés en tant que forme supérieure d'énergie “intelligente”, qui facilitera l'évolution personnelle, la clarté et la direction tout en influençant l'inconscient collectif de la planète et en favorisant l'évolution planétaire.

L'Archange Métatron est le conservateur des archives akashiques, le Mental universel de Dieu. La consultation de ces archives peut aider sur la voie spirituelle et permettre d'explorer les vies antérieures et parallèles.

Voyage dans les vies antérieures

Pour voyager dans les vies antérieures, on doit entrer en contact avec son moi supérieur et son ange gardien, afin de gagner accès à l'Archange Métatron qui consultera les archives akashiques au nom du demandeur. Ces archives étant le cosmos de la nature, on commence à comprendre l'unité de la vie – la "Loi de l'Un". L'Akasha existe pour que chacun puisse voyager dans la réalité de l'unité sans préjugé et sans porter de jugement.

En "s'accordant" à l'Akasha, la plupart des gens accèdent aux vies antérieures et aux événements auxquels est attaché le volume le plus considérable d'énergie émotionnelle. Tous ceux-ci influencent grandement leur vie présente.

Le futur n'est pas figé – en changeant son comportement et ses modes de pensée, l'individu peut l'influencer, en faisant se manifester ce sur quoi il se concentre sur le plan personnel et planétaire.

Permettez à votre ange gardien de vous entourer de lumière et d'amour protecteurs si vous désirez accéder à Métatron et aux archives akashiques.

COMMENT VOYAGER DANS LES VIES ANTÉRIEURES

PROCÉDURE

1 Asseyez-vous confortablement à un endroit où vous ne serez pas dérangé.

2 Concentrez-vous sur votre respiration, relaxez votre corps en rendant l'expiration plus longue et plus lente que l'inspiration. Pratiquez cette respiration relaxée pendant quelques minutes pour apaiser le mental.

3 Invoquez votre ange gardien et percevez votre connexion avec votre moi supérieur.

4 Laissez les ailes de votre ange gardien vous envelopper pour vous protéger et vous soutenir.

5 Laissez de côté toute attitude catégorique ou préjugé à propos de vous-même et des autres. Si vous avez du mal à y parvenir, demandez à votre ange gardien de vous aider.

6 Une fois la clarté émotionnelle acquise, demandez à votre ange gardien de vous connecter à l'Archange Métatron.

7 Cette connexion perçue (comme un pilier de lumière vous entourant), demandez à voir la vie antérieure qui exerce une telle influence sur votre vie présente.

8 Visualisez-la sans laisser les préjugés brouiller votre conscience ou bloquer vos perceptions et votre accès à l'information.

9 Une perception claire de la vie antérieure obtenue, revenez doucement à la réalité normale, en abandonnant progressivement cet état modifié de conscience.

10 Soyez patient – il faut de la pratique pour arriver à de bons résultats.

11 Notez ces expériences dans votre journal angélique pour les références futures et la méditation.

Se libérer des esprits

Une aura endommagée rend vulnérable aux attaques des esprits (entités négatives ou parasites). Ce dommage peut être provoqué par la maladie, les modes négatifs de pensée, les polluants, les dépendances, le stress, l'attaque psychique, le tourment émotionnel, les mauvaises habitudes respiratoires ou la faible pureté spirituelle. Les fissures, les déchirures et les trous de l'aura sont aussi très répandus, bien plus qu'on s'en rend compte. Ils peuvent causer de multiples fuites énergétiques, ce qui affaiblira l'individu.

Si l'intégrité de l'aura est rompue, des entités épuisant la force vitale sont susceptibles de s'y attacher. Toutes les religions parlent de cet attachement d'esprits désincarnés au corps physique, influençant le mental et le comportement de l'hôte.

Choses inhabituelles. Les attachements peuvent susciter un comportement inhabituel. Les changements sont parfois subtils, d'autres fois spectaculaires, et impliquent souvent une "nouvelle" dépendance. Les dépendances et les modèles négatifs de pensée peuvent devenir réellement une forme de possession.

Parmi les symptômes de ce genre d'attachement on trouve : épuisement inexpliqué, cauchemars, crises brusques d'anxiété ou de dépression, pulsions suicidaires, changements d'humeur ou de personnalité, indécision, confusion, mauvaise concentration, trous de mémoire, comportement impulsif, maladies inexpliquées, voix résonnant dans sa tête. Bien entendu, aucun n'est un signe certain de possession spirituelle, mais si plusieurs sont associés, il se peut bien qu'un hôte non invité se soit installé dans l'aura.

Demandez à Archange Michaël de vous aider à vous libérer des esprits attachés, des modèles négatifs de pensée d'autrui, ainsi que de tout blocage énergétique.

Lorsqu'elle a attiré une entité, la personne risque d'en attirer d'autres. Ces esprits désincarnés, outre être éliminés, doivent aussi être conduits vers la "lumière" par les anges. Ils sont souvent désorientés, parfois mal dirigés, ayant réalisé trop tard qu'ils sont responsables de leur comportement et craignant la colère de Dieu.

Grâce à l'aide de l'Archange Michaël et de ses "légions de lumière", on peut se libérer des esprits attachés, des implants d'énergie et des autres blocages énergétiques qui diminuent l'énergie et abaissent la conscience. Ces anges s'occupent aussi à reconduire les âmes perdues ou égarées à la "source" en vue de leur guérison.

Trancher les attaches à l'aide de l'Archange Michaël

L'Archange Michaël et ses "légions de lumière" tranchent les attaches, retirent les implants d'énergie, libèrent des entités.

Certains attachements sont conçus pour contrôler émotionnellement l'individu, d'autres pour le contrôler sexuellement, physiquement, mentalement ou spirituellement. Le vampirisme énergétique est répandu – la compagnie de certaines personnes épuise. D'habitude, les attachements vampiriques se produisent au niveau du chakra du plexus solaire, bien que tout chakra puisse être attaqué et infecter ensuite les autres chakras.

On peut par ailleurs se nuire soi-même émotionnellement en s'accrochant à une relation ancienne, à des souffrances, traumatismes ou mauvais traitements passés, ce qui prend beaucoup d'énergie.

L'élimination de l'énergie négative et la destruction les attaches permet d'avancer dans la vie, apporte joie et renouvellement.

Pour avancer, on doit se débarrasser de cette énergie. Les fardeaux émotionnels ralentissent l'individu et abaissent son taux vibratoire (voir pages 18 et19), s'accumulent avec le temps et donnent naissance au stress et à des blocages du système énergétique. Toute énergie ou émotion négatives relâchée doit être remplacée par de l'énergie angélique curative.

TECHNIQUE POUR TRANCHER LES ATTACHES

En pratiquant cette technique, vous pouvez visualiser l'épée de protection et de vérité de l'Archange Michaël soit en or, soit sous la forme d'une vive flamme bleu saphir.

PROCÉDURE

1 Asseyez-vous confortablement à un endroit où vous ne serez pas dérangé.

2 Visualisez des racines partant de vos pieds pour vous ancrer et vous fortifier.

3 Respirez naturellement.

4 Appelez l'Archange Michaël et ses "légions de lumière" et accordez-vous avec cette énergie. Demandez à l'Archange Michaël de trancher toutes les attaches, de retirer les implants énergétiques et d'éliminer les entités attachées.

5 Percevez l'Archange Michaël passer par tous vos chakras et agir à travers votre aura.

6 Soyez conscient du processus et voyez les attaches tranchées ou les entités désincarnées conduites vers la lumière par l'Archange Michaël.

7 Pour achever la séance de guérison, demandez à l'Archange Michaël de vous envelopper de son manteau bleu, qui scellera en douceur tout trou dans votre aura et vous protégera pendant le processus de guérison.

Chargement angélique en pouvoir

L'Archange Michaël et ses anges chargent en énergie angélique lorsqu'on demande leur aide. Cette énergie aide à laisser aller la peur et les autres états émotionnels négatifs qui empêchent d'atteindre son véritable potentiel et affaiblissent l'esprit. Les excuses autorestrictives bloquent le contact angélique et ne permettent pas au véritable moi de se montrer en tant qu'être incarné d'amour et de lumière infinis.

Recevoir le don d'activation du Rayon bleu de l'Archange Michaël (voir pages 112 et 113) confère courage, endurance, véracité, ténacité, force et capacité à prendre le contrôle de sa vie. La maîtrise du Premier rayon de volonté et de pouvoir divin affranchit des ombres de l'illusion.

Le chargement en énergie aide à se libérer de la négativité et à prendre le contrôle de sa vie.

ACTIVER LE PREMIER RAYON

PROCÉDURE

1 Asseyez-vous confortablement à un endroit où vous ne serez pas dérangé.

2 Respirez naturellement, relâchez toute tension de votre corps.

3 Invoquez l'Archange Michaël et demandez son don de chargement en pouvoir grâce à l'activation en vous du Premier rayon de volonté et de pouvoir divin.

4 Concentrez votre conscience sur le chakra du cœur – placez-la ici et voyez la flamme de votre cœur monter plus forte et plus brillante. Vous ressentirez peut-être un picotement, une chaleur ou un sentiment d'expansion.

5 Laissez cette flamme et votre conscience monter en spirale le long de la colonne vertébrale jusqu'au chakra couronne.

6 Percevez la colonne de lumière qui vous entoure. Ce conduit de lumière est votre protection. En levant le regard, réalisez qu'il ne semble pas avoir de fin.

7 Laissez monter votre conscience à travers ce conduit de lumière, jusqu'à la pyramide de lumière qui est le domaine de votre moi supérieur et de la famille de votre âme.

8 Vous y voyez la famille de votre âme, les anges et les êtres illuminés assis autour d'une table de cristal. Installez-vous à la place qui vous est réservée. Discutez avec eux de la façon dont vous pouvez vous charger en pouvoir et devenir membre de la "légion de lumière", ce qui est un droit divin de naissance.

9 Laissez le processus se dérouler naturellement. Lorsqu'il est achevé, ramenez votre conscience dans le corps physique et à la réalité quotidienne.

Purifier le karma

Les miasmes sont des marques d'énergie subtile susceptibles de s'installer dans tout système du corps subtil et provoquer un malaise émotionnel ou mental ou une maladie physique. On connaît quatre types de base de miasmes : karmique, acquis, hérité et planétaire.

Karma, mot sanskrit, désigne la somme totale des actions d'une personne dans sa vie présente et ses vies antérieures. Le principe karmique, sur lequel s'appuient toutes les religions orientales, permet à une personne de faire l'expérience de toutes les perspectives de la vie. On trouve des principes similaires dans les religions occidentales. Par exemple, le christianisme enseigne qu'on "ne doit pas faire aux autres ce qu'on n'aimerait pas que les autres nous fassent".

Les miasmes karmiques sont le résidu des actions des vies antérieures, déposé

Les bonnes actions attirent un bon karma. En ouvrant son cœur aux anges, on aide les autres.

dans le corps éthérique et ayant le potentiel de se transformer en maladie, malaise ou souffrances dans la vie présente ou dans les vies à venir. Cette prédisposition détermine souvent les attitudes de la vie présente, abaisse l'état de conscience, attire des personnes et des situations négatives.

Les miasmes acquis sont des affections aiguës ou infectieuses ou une toxicité de nature pétrochimique. Après la phase aiguë, ils s'installent dans les corps subtils et prédisposent à la maladie.

Les miasmes hérités (héréditaires) sont génétiques ou ont pour source des maladies infectieuses. Les miasmes planétaires sont emmagasinés sur le plan éthérique dans la conscience collective de la planète. Ils peuvent pénétrer dans le corps physique ou les corps subtils.

TECHNIQUE DE PURIFICATION DU KARMA

La flamme violette (voir page 144) élimine tous les types de miasmes et nettoie efficacement les miasmes karmiques.

PROCÉDURE

1. Asseyez-vous confortablement à un endroit où vous ne serez pas dérangé.
2. Respirez naturellement ; relâchez toute tension de votre corps.
3. Demandez mentalement à l'Archange Zadkiel de vous envoyer sa flamme violette de transformation pour éliminer vos miasmes karmiques.
4. Voyez tout votre être entouré par la flamme violette. Lorsque celle-ci diminue et finit par disparaître, la séance est terminée.

Direction

Les anges ont plusieurs fonctions, dont l'une des plus importantes est de donner des conseils sages. Les gens cherchent conseil auprès des amis, des parents ou des collègues. Il y a des professionnels, conseillers ou thérapeutes comportementaux, qui passent leur vie à aider les autres à surmonter les traumatismes du deuil, du licenciement ou des relations destructrices.

Parfois, il faut quitter le mode de pensées tridimensionnel rigide et voir l'image globale. L'ange gardien connecte au moi supérieur qui comprend tout, car souvent on est trop proche d'un problème et on examine à l'infini chaque détail, si infime soit-il, jusqu'à s'épuiser émotionnellement.

Il y a des moments où on n'est pas prêt à discuter de ses problèmes avec un conseiller où on n'a pas envie de charger les amis ou la famille de ses problèmes. C'est là qu'il faut chercher le conseil spirituel des anges gardiens.

COMMENT CHERCHER UNE DIRECTION

PROCÉDURE

1 Asseyez-vous en une posture de méditation stable et relaxez-vous.

2 Fermez les yeux et prenez quelques respirations profondes, l'expiration plus lente que l'inspiration.

3 Concentrez-vous sur le chakra couronne et percevez votre connexion avec votre moi supérieur. Demandez-lui de faire descendre une sphère de lumière pour vous entourer et vous protéger pendant qu'il vous dirige. (La sphère peut avoir n'importe quelle couleur. Notez-la, car souvent le moi supérieur envoie la couleur dont vous avez le plus besoin pour apporter équilibre et guérison à votre vie.)

4 Invoquez votre ange gardien et demandez sa direction spirituelle.

Les anges donnent des conseils sages si on est préparé à les écouter. Ils permettent de voir l'image globale.

5 Visualisez-vous assis face à une chaise vide (réservée à votre ange gardien). Invitez votre ange à s'asseoir. Vous verrez une lumière brillante commencer à se dessiner devant vous. Imaginez-la devenir de plus en plus grande et assumer la forme de votre ange.

6 Percevez la compassion rayonnant de votre ange, ouvrez-lui votre cœur et racontez-lui mentalement vos problèmes et inquiétudes.

7 Soyez ouvert à toute intuition envoyée par votre ange et soyez disposé à mettre en pratique ses suggestions.

8 Lorsque vous êtes prêt, revenez à la réalité quotidienne.

Accepter et développer les dons spirituels

Si on ignore un quelconque aspect de soi-même, on se disperse. Si on ne nourrit pas son corps physique, celui-ci tombe rapidement malade, et si on ignore ses besoins émotionnels, on fait entrer le stress dans sa vie. Si on ignore sa spiritualité et si on s'attache aux biens matériels, on s'appauvrit spirituellement.

Au cours des dernières années, l'intérêt pour la méditation, le yoga, le Reiki et les autres activités diminuant le stress et favorisant la relaxation s'est accru. Grâce à ces techniques, beaucoup ont commencé à s'ouvrir

Ouvrir et guérir votre chakra du cœur vous permettra d'accepter vos dons spirituels et de les développer.

spirituellement, à examiner leur mode de vie et leurs choix, à apprendre comment entretenir et accepter tous leurs aspects. Tous les gens sont nés avec un ange gardien, outre d'étonnants dons spirituels. Afin d'accepter et de développer ceux-ci, on doit ouvrir le chakra du cœur et le soigner, pour pouvoir toujours travailler à partir d'un lieu d'amour.

TECHNIQUE D'ACCEPTATION

PROCÉDURE

1 Asseyez-vous en une position de méditation confortable et relaxez-vous.

2 Fermez les yeux et concentrez-vous en douceur sur la respiration, la laissant devenir un peu plus lente et plus profonde que la normale.

3 Invoquez l'Archange Chamuel pour vous aider, vous protéger et superviser le processus.

4 Touchez votre chakra du cœur situé au centre de votre poitrine et visualisez son lotus à 12 pétales. Notez s'ils sont intacts – certains pétales peuvent même être clos.

5 Demandez à l'Archange Chamuel d'ouvrir les pétales et de réparer ceux endommagés. Leur couleur normale est le vert, mais quand vous évoluez spirituellement ils changent pour prendre une belle teinte rose. Regardez combien des pétales de votre cœur sont maintenant roses.

6 Pour achever la séance de guérison, revenez doucement à la réalité. Répétez la méditation lors d'autres séances, jusqu'à ce que tous les pétales de votre cœur soient roses, le chakra du cœur ouvert, vos dons spirituels épanouis.

Récupération de l'âme

Parfois, des événements extrêmement traumatiques ou des maladies de longue durée mettent mal à l'aise avec soi-même. C'est comme si on perdait une partie de soi ou comme si on tombait en miettes. Parfois, ces sentiments sont dus à la perte de l'âme ou à sa fragmentation, provoquant des oublis, spécialement des souvenirs d'enfance (époque où l'âme est plus susceptible de "s'envoler" suite à un choc). Parfois, on abandonne une partie de soi aux autres, surtout en amour.

La voie du rétablissement sur le plan de l'âme est appelée récupération de l'âme. En bâtissant un pont de lumière avec les mondes angéliques, on fait revenir les fragments de l'âme pour les réintégrer. Ce processus amène souvent des changements spectaculaires de la santé globale physique, mentale et émotionnelle.

L'Archange Haniel utilise son Rayon turquoise de communication sincère pour réunir les fragments de l'âme.

TECHNIQUE DE RÉCUPÉRATION DE L'ÂME

L'Archange Haniel est le protecteur de votre âme. Il rassemblera les fragments de celle-ci.

PROCÉDURE

1 Asseyez-vous en une position de méditation confortable et relaxez-vous.

2 Fermez les yeux et concentrez-vous en douceur sur votre respiration. Laissez le corps se détendre.

3 Invoquez l'Archange Haniel. Percevez votre connexion et votre accord avec son énergie (turquoise). Voyez-vous totalement entouré et protégé par sa lumière.

4 Une fois cette forte connexion établie, demandez à l'Archange de traverser toutes les dimensions pour chercher les fragments de votre âme.

5 Si des fragments désirent revenir à vous (ce n'est pas toujours le cas), vous les verrez se diriger vers vous en empruntant un pont de lumière. Souvent, le fragment a votre apparence à l'âge où vous avez "perdu" cette partie de vous.

6 Vous éprouverez parfois le besoin de discuter avec le fragment, spécialement si celui-ci hésite à revenir. Si vous constatez que les émotions entourant la perte sont accablantes, ou si vous n'arrivez pas à vous exprimer avec éloquence, demandez à Haniel de vous assister. Comme il utilise son Rayon turquoise de communication sincère, il est très persuasif.

7 Une fois tous les fragments de votre âme disposés à retourner à vous, revenez à la réalité quotidienne.

ANGES ET CRISTAUX

Magie des cristaux – se connecter avec le monde des esprits et le ciel

Pendant des millénaires, les pierres précieuses et les cristaux ont été utilisés pour la décoration, les parures, la guérison, la protection, la magie, les cérémonies religieuses. Ce sont les exemples les plus organisés et stables de matière dans la nature et ils représentent l'état le plus bas d'entropie (désordre) possible. Toutes les structures cristallines sont composées d'un arrangement tridimensionnel mathématique précis d'atomes. Le réseau cristallin confère un haut degré de stabilité, outre des couleurs, une dureté et des propriétés énergétiques physiques, géométriques et subtiles spécifiques.

Les pierres précieuses et les cristaux ont une étonnante capacité à absorber, emmagasiner, refléter et émettre la lumière sous forme de champs intelligents d'énergie stable qui accroissent le courant de force vitale dans le corps physique et le corps subtil des êtres humains. En appliquant de manière cohérente cette énergie constante (résonance du cristal) aux systèmes énergétiques déficients, on rétablit leur stabilité et leur équilibre.

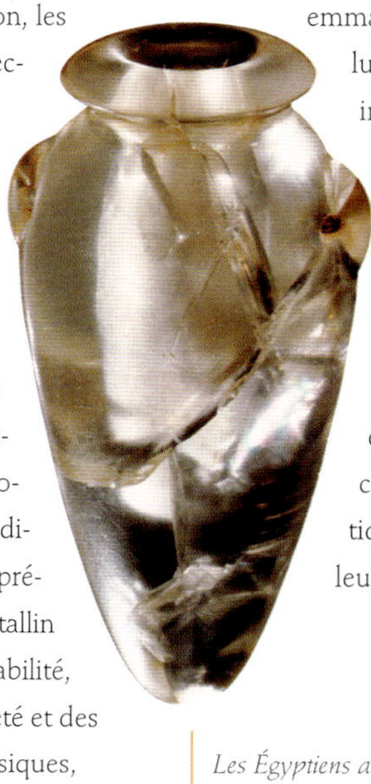

Les Égyptiens anciens moulaient la malachite pour en faire une poudre de guérison.

Accord avec le Ciel. Les cristaux sont nés dans le ventre de la Terre Mère, qui leur a conféré leur aura de mystère et de magie. Ils ne perdent jamais leur couleur, éclat, beauté ou valeur. Pour beaucoup de civilisations anciennes, cela les mettait en contact avec le monde des esprits et le Ciel. L'utilisation des pierres précieuses comme parures remonte au moins au paléolithique, comme le démontrent les découvertes archéologiques. Les premiers textes parlant de guérison par les cristaux datent de l'Égypte ancienne – on y trouve des recettes détaillées, par exemple de l'utilisation de la malachite.

Les érudits des traditions ayurvédique et tantrique ont laissé des écrits sur l'extraordinaire potentiel des pierres précieuses. Celles-ci étaient "prescrites" en

tant que protection contre les influences planétaires négatives et étaient soit portées comme bijoux, soit prises par voie interne sous forme de pâtes ou d'oxydes pour agir sur l'aura ainsi que sur les systèmes nerveux, lymphatique et pranique (les *nadis*, canaux où circule le prana).

Les cristaux sont mentionnés plusieurs fois dans la Bible. Les cercles métaphysiques pensent que certains cristaux sont naturellement accordés au monde angélique de par leur couleur, aspect, nom (angélite, célestite) ou résonance élevée. Cette résonance accorde naturellement la personne qui porte un cristal aux domaines spirituels supérieurs.

Choix, soin et nettoyage

Choisir un cristal peut sembler intimidant, car il y en a pléthore. Toutefois, comme chaque pierre précieuse est accordée à une résonance particulière et a des propriétés spécifiques, il est possible de déterminer celle qui convient le mieux à un usage précis – éventuellement, en consultant un livre sur le sujet.

Autre possibilité, on se fie à son intuition et on voit quel cristal attire le plus. Ce choix intuitif peut être confirmé en pratiquant la radiesthésie avec un pendule ou la kinésiologie. Passer sa main au-dessus du cristal pour tenter de percevoir une connexion énergétique subtile avec lui convient aussi.

Si cette connexion existe, on éprouve un sentiment d'"électricité", un picotement de la peau, une pulsation ou une contraction des doigts ou des mains, des sensations de chaleur ou de froid, une bouffée de chaleur traversant le corps ou une impression d'être entouré par le champ énergétique du cristal. Si le doute persiste quant au choix du cristal, le quartz clair, le "maître guérisseur", fera l'affaire, car on peut le programmer pour pratiquement n'importe quelle fonction.

Soin. Nul ne doit toucher les cristaux ou les bijoux personnels pour ne pas les contaminer de vibrations étrangères susceptibles d'être incompatibles avec le champ énergétique de leur propriétaire.

Les cristaux doivent être manipulés soigneusement et gardés séparément – si des pierres de duretés différentes sont mises ensemble, la plus dure rayera l'autre, même si elles sont toutes deux roulées. Exposés à un soleil intense, certains cristaux comme la célestite ou la kunzite, perdent leur couleur.

Nettoyage. Il est important de purifier le cristal avant et après usage, pour éliminer toute disharmonie résiduelle et le charger en énergie positive. Il faut choisir une technique de nettoyage ne présentant aucun danger pour le type de cristal utilisé.

La fumigation est une excellente forme de purification pour soi-même et pour l'espace de méditation. La fumée entoure le cristal pour éliminer toute trace de dissonance subsistante. Si on se trouve à l'intérieur, une fenêtre ouverte permettra la sortie de l'énergie stagnante. Le son purifie très efficacement plusieurs cristaux à la fois : un bol chantant, une clochette, des ting-sha (petites cymbales tibétaines), un diapason.

Il existe sur le marché des atomiseurs de nettoyants spéciaux, angéliques ou aromathérapiques, pour les cristaux.

Préparer une essence de gemmes. Les essences de gemmes ne contiennent que de l'eau énergisée. Il faut : un cristal de son choix, de l'eau distillée, du cognac, des bols en verre transparent, une grande bouteille foncée et une petite bouteille munie d'une pipette. Le cristal doit être nettoyé et les autres objets stérilisés. Le cristal est placé dans un bol d'eau distillée ou, s'il est soluble dans l'eau, dans un bol vide placé à son tour dans un plus grand bol d'eau. On laisse reposer au soleil de 2 à 3 heures, puis on verse l'eau dans la grande bouteille et on y ajoute deux fois autant d'alcool. On met à l'aide d'une pipette 7 gouttes de cette solution dans la petite bouteille, qu'on remplit de deux tiers d'eau distillée et d'un tiers d'alcool. L'essence de gemme est prête.

On peut nettoyer les cristaux sous l'eau du robinet, bien que ce ne soit pas là l'idéal.

Consacrer le cristal

Après avoir choisi et nettoyé le cristal, il convient de le consacrer pour le protéger des énergies négatives. Pour consacrer un cristal, tenez-le dans vos mains et affirmez mentalement : "Seule l'énergie positive supérieure peut passer à travers cet outil de guérison".

Programmation. Normalement, seul le quartz clair est "programmable", car les autres cristaux renferment leur propre signature énergétique naturelle (résonance spécifique). Pour programmer un cristal, il suffit de le tenir au niveau du chakra du 3e œil et de se concentrer sur l'usage qu'on veut en faire, en restant positif pendant qu'il se charge de cette énergie-là. On peut aussi affirmer à haute voix l'intention de la programmation, par exemple, "je programme ce cristal pour la guérison"(ou pour l'amour, l'abondance, la méditation, le rappel des rêves, etc.). Une fois programmé, le cristal maintiendra cette intention jusqu'à sa programmation suivante.

Chargement en énergie. Tous les cristaux peuvent être chargés en énergie, ce qui en fait des outils de guérison ou de méditation encore plus puissants. Certains cristaux se chargent naturellement en énergie sous les rayons du Soleil, d'autres, sous les rayons de la Lune. La plupart des cristaux peuvent être chargés en énergie par le Reiki. Certains se chargent grâce au son, au tonnerre, à la couleur, à l'énergie angélique. On peut même charger en énergie un cristal en le plaçant dans une pyramide ou en pratiquant une cérémonie simple pour demander aux anges de lumière, d'amour et de protection de le faire.

Programmé pour la protection, le cristal bloquera l'énergie négative de l'ordinateur.

Quartz aura angélique

- **Couleur** *Opalescent*
- **Aspect** *Cristaux naturels de quartz artificiellement fusionnés avec du platine ; chatoiement pâle dans les couleurs de l'arc-en-ciel*
- **Disponibilité** *Facile à trouver*
- **Source** *Revêtement artificiel sur des cristaux naturels de quartz*
- **Anges** *L'ange gardien personnel et les "anges de cristal", un groupe d'êtres célestes guidant et assistant les personnes qui travaillent avec les cristaux pour leurs méditations et séances de thérapie*

Formation cristalline naturelle d'un quartz aura angélique.

Attributs. Le quartz aura angélique est appelé aussi quartz aura perle ou opale. Les teintes chatoyantes des couleurs irisées renfermées dans ce cristal accordent rapidement les sens aux mondes angéliques d'amour et de lumière. Elles purifient l'esprit et élèvent le moral, ce qui remplit le champ énergétique de bulles pétillantes de protection. Ce cristal transporte la conscience vers le "temple intérieur" du moi supérieur où est gardé le savoir de l'ange gardien de chaque individu.

Psychologiquement. Accorde à la beauté. Ouvre aux énergies des esprits de la nature et des fées. Confère légèreté et spontanéité à toute activité entreprise. Éveille la conscience spirituelle.

Mentalement. Contrecarre le stress mental, la désorientation, l'apathie, la rigidité, l'inflexibilité, la confusion et l'intolérance.

Émotionnellement. Élimine les inhibitions. Soigne le stress et les maladies s'y rapportant. Favorise la résolution pacifique des problèmes émotionnels et de la discorde.

Physiquement. Purifie le corps physique et intensifie le processus de détoxication entrepris lorsqu'on tente de s'accorder aux fréquences supérieures.

Guérison. Favorise la guérison de tous les états, spécialement chroniques ou graves, n'ayant pas répondu à d'autres traitements, complémentaires ou classiques. Accroît la vigueur physique et empêche l'épuisement.

Position. À porter pour protéger et fortifier l'aura et devenir un phare d'amour et de lumière angélique. À placer sur tout chakra en se laissant guider par son intuition. Particulièrement puissant placé sur le chakra couronne et les chakras transcendantaux. Excellente essence de gemmes. Se charge en énergie sous la pleine Lune. À garder dans un carré de soie blanche.

Note : Peut être serti dans de l'or, de l'argent ou du platine. S'associe bien avec l'améthyste, la morganite, la phénacite, l'aigue-marine et la danburite.

Séraphinite

- **Couleur** *Vert olive avec des veines blanches*
- **Aspect** *Les veines blanches ressemblent souvent à des plumes argentées*
- **Disponibilité** *Facile à trouver (en tant que minéral clinochlore ou ripidolite)*
- **Source** *Monde entier, les meilleurs spécimens venant de l'est de la Sibérie (Russie)*
- **Anges** *Séraphins*

Tranche polie de séraphinite

Attributs. Séraphinite est le nom New Age de la clinochlore (ripidolite). Le nom du minéral vient du grec *klino* (oblique) et *chloros* (vert). Le nom séraphinite a été suggéré par les veines blanches ressemblant à des plumes argentées, à des ailes d'ange ou à des êtres angéliques. Facile à sculpter et à polir, la séraphinite est souvent façonnée en sphères, cabochons, baguettes de guérison et pendentifs. La séraphinite est l'une des pierres de guérison de base de l'époque actuelle. Elle active le contact angélique avec les plans supérieurs de guérison. C'est également une purificatrice dynamique des deux principaux canaux – Ida, le féminin, et Pingala, le masculin – à travers lesquels l'énergie monte le long de la colonne vertébrale, apportant équilibre et stabilité au chakra du cœur, ce qui permet l'accord avec le chakra couronne et l'ouverture de celui-ci.

Psychologiquement. Favorise le discernement affectif, permet d'éprouver un sentiment de contentement face à la vie, de réussir sans effort en harmonisant les envies matérielles aux désirs spirituels.

Mentalement. Écarte les pensées-formes ancrées dans le corps mental et aide très bien les personnes se sentant déconnectées ou désorientées.

Émotionnellement. Aide à dissiper les émotions négatives. Spécialement utile pendant les périodes agitées d'une relation, la séraphinite permet de comprendre quelles sont ses émotions personnelles et lesquelles sont projetées sur soi.

Physiquement. Apporte guérison à tous les niveaux du corps en purifiant le sang. Détend les épaules et la partie supérieure de la poitrine, ce qui accroît l'oxygénation du sang grâce au meilleur fonctionnement des poumons.

Guérison. Catalyseur pour la guérison des états physiques dégradés de longue date.

Position. À placer sur le chakra du cœur ou à porter en pendentif pour de longues périodes. Excellente essence de gemmes.

Célestite

- **Couleur** *Bleu ciel, blanc ou bicolore, avec des teintes de rouge ou de jaune*
- **Aspect** *Lames tabulaires, géode ou forme pyramidale*
- **Disponibilité** *Minéral de strontium commun, appartenant au groupe des barites*
- **Source** *États-Unis, Madagascar, Sicile, Allemagne*
- **Anges** *Gardiens célestes*

Géode de célestite

Attributs. Le nom de la célestite (célestine) vient du latin *cælestis,* "céleste", référence à sa couleur bleu pâle. Utilisée pour l'accord conscient avec le monde angélique. Apporte paix intérieure, tranquillité, calme et concentration sur les domaines supérieurs de lumière céleste. "Maître" du New Age, favorise l'expansion spirituelle et l'harmonie de l'âme. La célestite attache très fortement aux gardiens célestes, vastes êtres de lumière guidant le cosmos.

Psychologiquement. Les personnes qui travaillent avec la vibration très élevée de la célestite ont un tempérament enjoué et harmonieux. On peut voir nettement leur connexion au monde angélique, avec lequel elles sont en constante communication.

Mentalement. Invalide les désirs égoïstes et établit de nouvelles voies mentales, spécialement là où la créativité a été bloquée. La célestite rend charmants, amusants et merveilleux ceux qui la portent ou travaillent avec elle. Fortifie les talents de communication et offre des visions de l'humanité en harmonie, donc de la paix mondiale.

Émotionnellement. La célestite a un étrange pouvoir sur les émotions – elle est apaisante au point de devenir presque soporifique. Aide les personnes en proie à un conflit intérieur provoqué par l'absorption des stress et des désaccords émotionnels d'autrui. Ces "éponges" humaines deviennent souvent allergiques aux gens, ce qui les coupe de leurs semblables et provoque l'isolement et le retrait dans un monde de fantasmes.

Physiquement. Abaisse l'hypertension. Soulage les troubles digestifs. Apaise tout état suscité par le stress.

Guérison. Dissout la douleur, élimine les toxines et atténue les états fiévreux.

Position. À placer sur les chakras de la gorge, du 3e œil ou couronne ou à porter en pendentif. Excellente essence de gemmes (préparée par la méthode indirecte – voir page 283). Ne jamais laisser longtemps au soleil, car elle pâlira et deviendra claire.

Angélite

- **Couleur** *Bleu pâle à bleu ciel, violet*
- **Aspect** *Opaque et veiné d'ailes blanches*
- **Disponibilité** *Commun sous forme d'anhydrite*
- **Source** *Allemagne, Mexique, Pérou et Nouveau Mexique*
- **Anges** *Mondes célestes*

Plaque polie d'angélite

Attributs. L'angélite est aussi appelée anhydrite, nom d'origine grecque signifiant "dépourvu d'eau". L'angélite est formée de célestite compressée dont l'eau a disparu au fil des millions d'années. Pierre New Age de l'Ère du Verseau, elle a été mise en lumière par la "convergence harmonique" de 1986 au Pérou, où les "gardiens des jours" se sont rassemblés pour accueillir le "nouvel âge d'or". L'angélite de couleur bleu ciel est utilisée pour la connexion consciente avec le monde angélique grâce à sa vibration céleste. Apporte paix intérieure, tranquillité, calme et concentration sur les plans supérieurs de lumière céleste.

Psychologiquement. Combat la peur de dire la vérité. Augmente la gentillesse, confère conscience sociale et profondeur émotionnelle. Cristal solide, très terre à terre. Instille la sagesse et neutralise la cruauté et la brutalité.

Mentalement. Enseigne l'approbation du moi et favorise ainsi l'acceptation calme des traits de caractère ayant provoqué l'angoisse mentale. Ancre dans le moment présent, ce qui permet de laisser aller ce qui ne sert plus à son plus grand bien.

Émotionnellement. Fortifie les talents télépathiques, ce qui aide à interagir avec les autres sur un plan émotionnel supérieur.

Physiquement. Abaisse l'hypertension, soulage les coups de soleil et équilibre la thyroïde suractive. Harmonise les fluides du corps et diminue par conséquent le poids corporel. Atténue les bouffissures et les problèmes pulmonaires.

Guérison. Une angélite pour le massage appliquée sur les pieds et les mains débloque les méridiens et élimine rapidement tout blocage énergétique.

Position. À placer sur les chakras de la gorge, du 3e œil ou couronne ou à porter en pendentif. Excellente essence de gemmes (préparée par la méthode indirecte – voir page 283). Intensifie les exercices de guérison par le son et de psalmodie conçus pour équilibrer les chakras.

Azeztulite

- **Couleur** *Incolore ou blanc*
- **Aspect** *Opaque ou clair*
- **Disponibilité** *Rare*
- **Source** *Caroline du Nord, Vermont (États-Unis)*
- **Anges** *Anges de l'Azez*

Azeztulite brute

Attributs. Type de quartz dont les énergies sont bien plus puissantes que celles du quartz ordinaire. Véhicule une énergie lumineuse étonnante, censée avoir été activée par une entité angélique appelée l'Azez. Ce groupe d'êtres angéliques interdimensionnels accorde avec le "Grand Soleil central". Leur présence est "ancrée" au-dessus des principaux tourbillons d'énergie du plan éthérique de la Terre – dont les Andes, l'Himalaya et d'autres chaînes montagneuses. L'Azez véhicule une signature énergétique appelée "Lumière sans nom". Cette pierre est le récipient et le conduit de l'Azez. Elle suscite des changements de conscience, ainsi que des voyages interdimensionnels conscients. Ceux qui la portent ou méditent sur elle sont imprégnés de cette énergie et deviennent partie intégrante du réseau de la "Lumière sans nom" qui élève la conscience de l'ensemble de l'humanité.

Psychologiquement. Éveille aux états modifiés de réalité et élève la conscience. Active les points d'ascension – permet de s'ouvrir aux autres mondes et à une multitude de réalités occupant le même espace énergétique. Les points d'ascension sont situés à la base de la colonne vertébrale spirituelle, au hara (point de concentration de l'énergie) et au centre du cerveau (l'épiphyse).

Mentalement. Fait avancer conséquemment les processus mentaux, si bien qu'on ne doit l'utiliser qu'après avoir purifié totalement le corps mental, y compris avoir éliminé le fouillis mental, les implants énergétiques, les vestiges des vies précédentes et les miasmes ancestraux.

Émotionnellement. Lorsqu'on sent que le moment est venu d'accéder à la conscience cosmique et à l'illumination, dissipe les modèles émotionnels négatifs obsolètes.

Physiquement. Utilisé pour apporter l'énergie de lumière et de guérison à toutes les cellules du corps. Soigne les états dégradés du corps physique, spécialement lorsqu'on l'utilise comme canal conscient pour la guérison.

Guérison. Pour tout mal physique exigeant un remodelage structuré du corps.

Position. Sur tout chakra.

Moldavite

- **Couleur** *Vert bouteille*
- **Aspect** *Transparent, lisse, marqué de balafres ou de trous, motifs de fougères*
- **Disponibilité** *Rare*
- **Source** *République tchèque*
- **Ange** *Ange de transformation*

Moldavite brute

Attributs. La moldavite, roche vitreuse d'origine extraterrestre, est une tectite formée par la chute d'une météorite sur le plateau de Bohème (actuelle République tchèque) il y a quelque 15 millions d'années. La composition de la moldavite est unique – plusieurs théories ont été prônées quand à sa formation. Les archéologues ont découvert dans des demeures rupestres des morceaux de tectite datant d'il y a quelque 25 000 ans.

Psychologiquement. La moldavite est le "Saint Graal", "l'émeraude de l'illumination" tombée du ciel de transformation spirituelle. Elle suscite des changements de conscience profonds et durables.

Mentalement. D'un point de vue métaphysique, le "corps de lumière" (voir page 128) renferme les données codées de la vie. Lorsqu'on tient une moldavite, ces données sont accessibles et permettent un remodelage mental ou une reprogrammation.

Émotionnellement. La moldavite a une énergie très "chaude" et "rapide" qui fait remonter les débris émotionnels, souvent à travers des déchirures du champ énergétique. Elle éveille aussi émotionnellement les "enfants étoiles" (êtres d'autres systèmes planétaires qui se sont incarnés physiquement sur cette planète pour favoriser son évolution spirituelle) ressentant la nostalgie de la sécurité de leur maison cosmique.

Physiquement. Aide la guérison de toutes les affections physiques.

Guérison. La moldavite est un outil de diagnostic. Une aversion pour la moldavite ou la couleur verte signale un problème concernant les émotions, une peur profonde d'ouvrir son cœur à l'amour inconditionnel. Ce cristal dévoile les peurs cachées causant malaise physique et psychologique. Une fois ces peurs reconnues et relâchées grâce à l'amour inconditionnel, la véritable guérison peut commencer.

Position. Chakras du cœur ou du 3e œil.

Kunzite et Hiddénite

- **Couleur** *Rose pâle, lilas (kunzite) ; vert pâle (hiddénite)*
- **Aspect** *Transparent ou translucide avec des striures*
- **Disponibilité** *Facile à trouver*
- **Source** *États-Unis, Brésil, Madagascar*
- **Ange** *Chekhinah*

Kunzite brute

Hiddénite roulée

Attributs. La kunzite véhicule le rayon rose pâle à lilas de l'amour spirituel – l'amour de la mère pour son enfant – toujours inconditionnel et dépassant l'amour de soi égoïste. La hiddénite véhicule le rayon vert pâle de la guérison en douceur du cœur. Ce n'est pas le puissant rayon vert émeraude, mais plutôt le rayon des nouveaux commencements fragiles. Il est doux et gentil, comme un murmure promettant que tout ira bien. Tant la kunzite que la hiddénite incarnent les attributs de la Chekhinah, la reine des Cieux (voir page 77), appelée aussi ange de la délivrance. La Chekhinah est l'aspect féminin de l'Archange Métatron ou la manifestation féminine de Dieu dans l'homme. On l'appelle aussi "Fiancée du Seigneur". Selon le Nouveau Testament, la Chekhinah est la splendeur émanant de Dieu.

Psychologiquement. Combinées, la hiddénite et la kunzite permettent de toucher la part de l'individu qui a toujours été en contact avec le Divin. Elles activent l'esprit intérieur de Dieu qui conduit hors du domaine obscur de l'illusion vers la complétude et l'unité.

Mentalement. L'utilisation combinée de la hiddénite et de la kunzite confère un sentiment de sécurité qui aide à découvrir qui on est réellement et pourquoi on est là. Atténue la dépression et les troubles maniaco-dépressifs.

Émotionnellement. L'utilisation combinée de la hiddénite et de la kunzite guérit les émotions les plus intimes. Ensemble, elles soutiennent les commencements et facilitent la guérison profonde. Rappelle que le changement offre des occasions d'éliminer les blocages intérieurs.

Physiquement. Soignent le système nerveux. Arrêtent les crises d'angoisse.

Guérison. Une véritable guérison sur tous les plans de l'être – permettent d'être "soi-même", indifféremment des influences extérieures et des restrictions physiques. La Chekhinah attend avec patience l'appel de l'individu, comme une mère divine, en sachant qu'un jour il s'éveillera de sa transe et se mettra en quête de l'extase.

Position. Chakra du cœur.

Opale

- **Couleur** *Les opales nobles présentent des "feux". L'opale commune peut avoir n'importe quelle couleur, mais est dépourvue d'opalescence*
- **Aspect** *Opaque avec des éclairs de couleur*
- **Disponibilité** *Facile à trouver mais chère*
- **Source** *Monde entier, les meilleurs spécimens viennent d'Australie*
- **Ange** *Pistis Sophia (ange de la foi et de la sagesse)*

Opale de feu

Opale rose roulée

Attributs. L'opale n'est pas à strictement parler un cristal, car elle est dépourvue de structure cristalline. On connaît deux types d'opales : noble et commune. L'opale commune n'a pas de feux et varie de transparente ou blanche à noire, en passant par toute la gamme de couleurs. L'opale noble, présentant des "feux" (de préférence arc-en-ciel), est la pierre résonnant avec Pistis Sophia. Selon la tradition gnostique, celle-ci est censée être la mère des anges supérieurs – anges des rayons se tenant devant le trône de Dieu. En Inde, l'opale est tenue pour la déesse des arcs-en-ciel transformée en pierre lorsqu'elle fuyait les avances amoureuses des autres dieux.

Psychologiquement. L'opale intensifie les états émotionnels. Les opales mystérieuses renferment les merveilles du ciel – arcs-en-ciel étincelants, aurores boréales, éclairs. Les peintres s'en servaient pour trouver l'inspiration divine. L'opale noble est très motivante, elle est une merveilleuse aide à la visualisation, spécialement si celle-ci sert d'outil de guérison. L'opale noble active aussi le chakra étoile de l'âme, le premier des chakras transcendantaux.

Mentalement. Les opales montrent précisément les états mentaux passés ayant causé le déséquilibre émotionnel présent. Éclaire l'obscurité et confère l'accord à travers le mouvement.

Émotionnellement. L'opale ouvre des portes vers les merveilles de la guérison – elle montre comment faire se manifester des miracles dans sa vie. Nettoie et soigne les vieilles blessures émotionnelles.

Physiquement. Soigne les déséquilibres hormonaux. Fortifie, atténue l'épuisement physique, émotionnel ou mental.

Guérison. Améliore la volonté, renouvelle l'envie de vivre, dissipe les fièvres, aide la vision physique et spirituelle et l'intuition.

Position. À placer ou à porter sur le chakra du cœur ou selon son intuition. Excellente essence de gemmes (voir page 283 pour la préparation).

Quartz vert de Sérifos

- **Couleur** *Vert clair à foncé*
- **Aspect** *Pointes de quartz longues, effilées, opaques à transparentes*
- **Disponibilité** *Rare, magasins spécialisés*
- **Source** *Sérifos (île grecque)*
- **Ange** *Archange Séraphiel*

Quartz vert naturel de Sérifos

Attributs. Ce quartz vint de la belle île grecque Sérifos, nommée d'après l'ordre angélique le plus élevé. Les délicats cristaux vert clair à foncé apportent l'harmonie, l'équilibre et la stabilité émotionnelle. C'est un cristal du "paradis" qui accorde rapidement les sens au potentiel curatif des mondes angéliques. On l'utilise pour ouvrir, purifier et activer le chakra du cœur qui permet d'éprouver amour et compassion pour soi-même et les autres. Apaise et réconforte, aide à soigner le cœur brisé. Également, excellente aide pour les personnes ne se sentant pas à l'aise dans leur corps physique – ces cristaux suscitent un état constant de conscience des mondes angéliques supérieurs.

Psychologiquement. Excellent pour éliminer les miasmes sur tous les plans. Accorde rapidement les sens au potentiel curatif des mondes angéliques.

Mentalement. Élimine les empreintes mentales susceptibles de provoquer un malaise physique.

Émotionnellement. Soigne les déséquilibres émotionnels en accordant les sens à la nature, ce qui apporte la joie. Spécialement bon pour apaiser le chagrin, ainsi que les sentiments d'abandon et de trahison.

Physiquement. Soigne en aidant les personnes ne se sentant pas à l'aise dans leur corps physique à s'adapter à la vibration terrestre. Aide à accepter la vie et à prendre plaisir à l'existence du corps physique.

Guérison. Fortifie la volonté de vivre. Améliore l'état du cœur et des poumons. Consolide le système immunitaire et favorise la régénération cellulaire.

Position. À placer sur le chakra du cœur.

Diamant

- **Couleur** *Blanc clair, jaune, brun, rose, bleu, vert, mauve et noir*
- **Aspect** *Clair lorsqu'il est taillé, apparaît normalement sous forme de cristaux octaédriques*
- **Disponibilité** *Commun mais cher, même à l'état brut*
- **Source** *Afrique, Brésil, Australie, Inde, Russie, États-Unis*
- **Ange** *Archange Métatron*

Diamants bruts

Diamant taillé

Attributs. Le nom vient du latin *adamas,* "le plus dur", allusion à sa dureté et à sa longévité. Réputé conférer à son propriétaire pureté, amour et joie, le diamant est traditionnellement l'emblème de l'intrépidité. Le diamant est la substance naturelle la plus dure. On l'utilisait jadis pour neutraliser les poisons. Son énergie et son éclat protègent le champ énergétique d'une personne de l'énergie nuisible de ses semblables.

Psychologiquement. Accorde les sens aux mondes célestes en dissipant l'obscurité de l'aura. Amplifie la lumière de l'âme, permettant ainsi à l'individu de briller davantage dans le monde. Le diamant favorise la réussite de toutes les entreprises en accroissant la brillance de l'aura – l'individu devient plus attirant, de sorte que plus d'occasions lui sont proposées.

Mentalement. Clarifie les processus mentaux et accroît la capacité d'entretenir des pensées positives. Le diamant amplifie aussi le pouvoir des pensées et des prières.

Émotionnellement. Miroir émotionnel – s'assombrit lorsqu'on se met en colère. Il montre la véritable santé émotionnelle et aide à gérer ses émotions en affinant le taux vibratoire.

Physiquement. Remède général, atténue tous les maux. Soulage les allergies et tous les états chroniques liés au mauvais fonctionnement du système immunitaire.

Guérison. Fortifie le corps.

Position. À placer ou à porter selon son intuition. Les diamants peuvent être sertis dans de l'or blanc ou jaune. Ils s'associent bien avec d'autres pierres précieuses : rubis, émeraude, saphir bleu.

Tanzanite

- **Couleur** *Bleu à lavande, avec des éclats intérieurs d'un violet plus foncé*
- **Aspect** *Clair*
- **Disponibilité** *Rare, sera probablement épuisé au cours des 10 prochaines années*
- **Source** *Collines Merelani, Tanzanie*
- **Ange** *Archange Tzaphkiel*

Tanzanite roulée

Attributs. La tanzanite est trichroïque (montre des couleurs différentes selon l'angle de vision). Une direction montre du bleu, une autre la couleur lavande et une troisième, du bronze. Ce changement de couleur facilite les états altérés de réalité, permettant les modifications radicales de la conscience. Étant donné que la tanzanite élève la signature vibratoire de l'utilisateur, elle élargit son *mandala* personnel, donnant accès aux archives akashiques. La tanzanite est utilisée pour les voyages intérieurs et extérieurs. Son taux vibratoire élevé amincit le voile entre les divers plans de conscience, permettant une communication claire avec les anges, les maîtres élevés, les esprits guides et les autres êtres illuminés des dimensions d'habitude inaccessibles à la conscience normale.

Psychologiquement. Confère des bénédictions qui s'amplifieront grâce à la foi. Accroît la compréhension en transmettant la sagesse qui améliore le développement spirituel.

Mentalement. La tanzanite chasse tout aspect superficiel concernant le développement spirituel. En favorisant l'épanouissement plénier du côté intuitif féminin de la nature de l'individu, améliore l'inspiration et le discernement, étend le mysticisme. À son tour, cela permet l'ouverture complète du cœur et la manifestation de la pureté de l'âme sur Terre, pour la liberté et le salut de tous.

Émotionnellement. L'énergie curative de la tanzanite conduit au-delà des confins du plan terrestre dans un espace où on apprend à se nourrir en laissant aller le passé pour trouver la paix intérieure.

Physiquement. Inverse le processus de vieillissement.

Guérison. Fortifie et renouvelle.

Position. À placer sur le chakra du 3e œil.

Quartz à inclusions de rutiles

- **Couleur** *Clair à fumé, avec des aiguilles dorées, rougeâtres ou des veines brunes*
- **Aspect** *Fils de rutiles dans le quartz*
- **Disponibilité** *Commun, surtout les pierres roulées*
- **Source** *Monde entier*
- **Ange** *Archange Melchisédech*

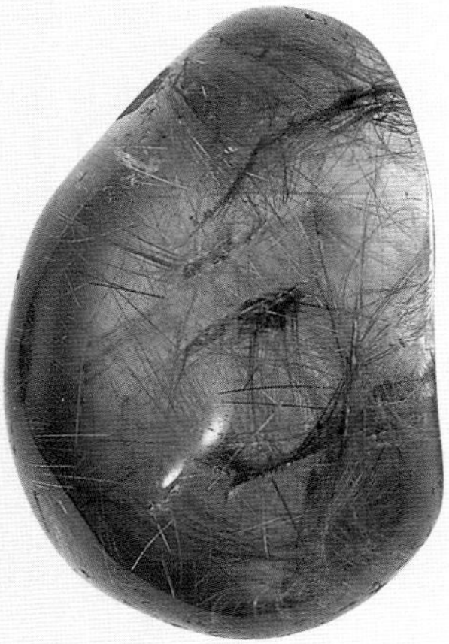

Quartz roulé à inclusions de rutiles

Attributs. Ce quartz à inclusions de rutiles est aussi appelé cheveux d'ange en raison son aspect. Ce cristal "éclairant l'âme" a été utilisé comme talisman depuis la nuit des temps. Il libère la voie pour l'action nécessaire en mettant en lumière les défauts et la négativité. En soutenant la force vitale, il rétablit la vibration et la vitalité. Détruit les obstacles, les peurs et les phobies qui ont entravé l'avancée spirituelle. On l'utilise pour susciter le changement et le rajeunissement, ainsi que pour trouver de nouvelles directions. Purifie l'aura, la remplissant de lumière spirituelle.

Psychologiquement. Parfait équilibre de lumière cosmique favorisant la croissance spirituelle et l'intégration de l'énergie.

Mentalement. Clarifie la voie pour l'action nécessaire en mettant en lumière les états émotionnels négatifs profondément ancrés dans les neurones.

Émotionnellement. Fournit l'énergie nécessaire pour détruire les obstacles ayant bloqué la croissance émotionnelle.

Physiquement. Soutient la vie et la force vitale. Utilisé pour rétablir la vibration et la vitalité conduisant à une santé parfaite.

Guérison. Élimine et modifie toute affection, y compris les allergies, les problèmes pulmonaires, les états chroniques et les entités négatives.

Position. À placer sur n'importe quel chakra. Affinité particulière avec le chakra du plexus solaire.

Iolite

- **Couleur** *Indigo, bleu ou jaune miel*
- **Aspect** *Petit, clair ou transparent*
- **Disponibilité** *Dans les magasins spécialisés*
- **Source** *Sri Lanka, Madagascar, Birmanie et Inde*
- **Ange** *Archange Raziel*

Iolite roulée

Attributs. Variété gemme de cordiérite, appelée aussi saphir d'eau ou pierre d'étoile. Présente un pléochroïsme (capacité de transmettre des couleurs différentes vers plusieurs directions) prononcé – on peut voir trois teintes différentes dans la même pierre. L'iolite est la pierre de prophétie et de vision du New Age. Elle confère une activation et une intégration totales, mais seulement si les cinq chakras inférieurs sont parfaitement équilibrés, sinon un risque de désorientation est présent.

Psychologiquement. L'iolite et les mystères de l'Archange Raziel ne sont pas destinés à tout le monde. Elle conduit l'individu dans le monde céleste où science et mysticisme ne font qu'un – l'univers quantique.

Mentalement. Ces rencontres extraordinaires avec l'iolite et l'Archange Raziel exigent du temps pour être complètement intégrées sur tous les plans de l'être. Dans le cas contraire, on risque de se retrouver totalement déséquilibré.

Émotionnellement. Élimine la discorde et la codépendance. Aide à vaincre les dépendances.

Physiquement. Atténue la bronchite, l'asthme et d'autres problèmes pulmonaires chroniques. Diminue l'hypertension. Soulage les problèmes de dos, sciatique, lumbago, troubles de la colonne vertébrale, troubles neurologiques. Transforme et purifie la négativité.

Guérison. Améliore le fonctionnement du cerveau. Atténue les maux de tête et l'insomnie.

Position. À placer sur les chakras de la gorge, du 3ᵉ œil ou couronne, ou à porter en pendentif ou en bague. Plus puissante portée pendant de longues périodes. Peut être sertie dans de l'or jaune.

Améthyste

- **Couleur** *Diverses nuances de pourpre*
- **Aspect** *Géode, pointe unique ou grappe*
- **Disponibilité** *Facile à trouver*
- **Source** *Afrique, Allemagne, Italie, États-Unis, Mexique, Brésil, Canada, Uruguay*
- **Ange** *Archange Zadkiel*

Pointe d'améthyste

Attributs. Variété pourpre de quartz dont le nom vient du grec *amethystos*, "qui n'est pas ivre", signalant probablement une croyance dans les vertus dégrisantes de l'améthyste. Plus vraisemblablement, les Grecs se référaient à la couleur violacée de certains cristaux, pareille au vin. Sa belle couleur est sans égale – la gamme de nuances de pourpre est très large.

Psychologiquement. Vibration élevée utilisée pour intensifier la méditation.

Mentalement. Calme et concentre le mental hyperactif. Approfondit la compréhension de questions inhérentes.

Émotionnellement. Apaisante, atténue le stress et l'épuisement émotionnel. Diminue aussi les dépendances et les traits de caractère les favorisant.

Physiquement. Son large spectre d'énergies curatives en fait une guérisseuse efficace de la plupart des affections. Neutralise la douleur, si bien qu'on peut placer une améthyste sur toute zone douloureuse. Soulage les maux de tête et la migraine – les migraineux gardent souvent quelques cristaux d'améthyste dans leur frigo pour les avoir sous la main en cas de crise. Les améthystes froides sont placées sur les tempes.

Guérison. Bon nombre d'applications – "maître" guérisseur. Peut servir pour la guérison des personnes absentes.

Position. À placer sur le chakras du 3e œil ou couronne pour les équilibrer, ou sur n'importe quelle zone du corps en se laissant guider par son intuition. Placée sous l'oreiller ou sur la table de chevet, l'améthyste prévient les cauchemars et l'insomnie. Une géode ou une grappe purifient l'environnement des volumes considérables d'énergie stagnante. À utiliser dans la pièce où se sont réunis beaucoup de gens.

Topaze bleue

- **Couleur** *Nuances variées de bleu*
- **Aspect** *Cristaux transparents de pegmatite*
- **Disponibilité** *Facile à trouver*
- **Source** *Afrique, Allemagne, Italie, États-Unis, Mexique, Brésil, Canada, Uruguay*
- **Ange** *Archange Haniel*

Topaze bleue roulée

Attributs. La légende affirme que la topaze bleue dissipe les sortilèges, améliore la vue, change de couleur en présence d'aliments ou de boissons empoisonnés. Ses pouvoirs curatifs mystiques croissaient et décroissaient avec la Lune. Jadis, elle était censée guérir l'insomnie, l'asthme et les hémorragies. Les Grecs anciens pensaient qu'elle avait le pouvoir d'accroître la force et en cas d'urgence rendre invisible celui qui la portait. Au Mexique, la topaze est utilisée comme pierre de vérité. On la porte encore aujourd'hui pour détecter les pensées "empoisonnées" des autres.

Psychologiquement. La topaze facilite la compréhension profonde et l'acceptation des lois universelles. Inspire et élève le moral, favorise la communication claire, permettant au mental rationnel de gagner même face à la plus forte provocation.

Mentalement. Apaisante, calmante et inspirante. Empêche l'accumulation de la colère, du ressentiment et de l'amertume.

Émotionnellement. Dissipe les impasses émotionnelles. Permet de dépasser les situations stressantes, ce qui aide la formation de nouveaux modèles comportementaux.

Physiquement. Favorise la communication claire. Utilisée pour équilibrer le chakra de la gorge, ce qui soulage le mal de gorge et atténue le déséquilibre thyroïdien.

Guérison. Encourage l'équilibre et le calme dans le corps physique et le corps subtil.

Position. À placer sur les chakras de la gorge, du 3e œil ou couronne. La topaze bleue peut être portée en pendentif ou en bague, sertie dans de l'or blanc ou jaune. Merveilleuse pierre de channelling, elle connecte au savoir secret et à la sagesse ancienne.

Quartz rose

- **Couleur** *Rose*
- **Aspect** *Transparent à translucide*
- **Disponibilité** *Facile à trouver*
- **Source** *Brésil, Madagascar, États-Unis, Inde*
- **Ange** *Archange Chamuel*

Quartz rose brut

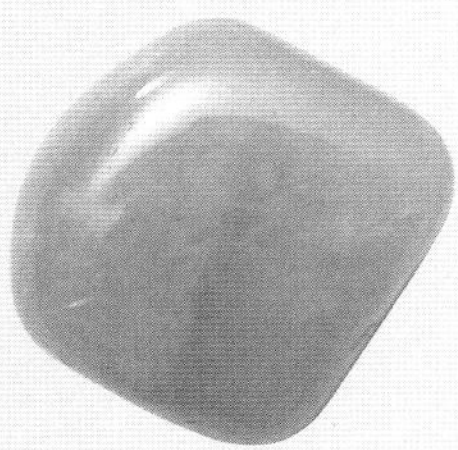

Quartz rose roulé

Attributs. Variété de quartz arborant la couleur de l'amour. Il transmet une énergie douce apaisante, qui enseigne la véritable essence de l'amour. Affinité naturelle avec le chakra du cœur et les émotions, qu'il gère, favorisant ainsi le développement de tous les types de relations amoureuses. Le quartz rose est utilisé comme talisman pour attirer une âme sœur.

Psychologiquement. Fortifie les liens emphatiques avec les autres et accompagne toute situation traumatique, comme le divorce, le deuil ou la perte d'emploi. Aide à apprécier les relations amoureuses déjà présentes.

Mentalement. Apaise et réconforte, empêche l'accumulation de sentiments tels que haine, colère ou hostilité.

Émotionnellement. La première utilisation d'un quartz rose suscite parfois l'émergence de beaucoup d'émotions refoulées, qu'il aide à reconnaître et à laisser aller. Dissipe rapidement les émotions négatives telles qu'autocondamnation, faible estime de soi, haine de soi et égoïsme. Élimine les modèles comportementaux agressifs.

Physiquement. Ouvre le cœur, qui soutient la guérison. Favorise la fertilité.

Guérison. Laisse aller le stress émotionnel bloqué dans certaines régions du corps. Convient pour les nouveau-nés et les bébés à naître.

Position. À placer sur le chakra du cœur ou sur toute autre zone du corps ayant emmagasiné du stress ou de la douleur. On peut le porter en pendentif, en bague ou en collier pour traverser des périodes de crise.

Émeraude

- **Couleur** *Vert*
- **Aspect** *Transparent à translucide*
- **Disponibilité** *Facile à trouver*
- **Source** *Brésil, Inde, Colombie, Zimbabwe, Madagascar, Russie*
- **Ange** *Archange Raphaël*

Émeraude brute

Émeraude taillée

Attributs. Depuis au moins quatre millénaires, l'émeraude est appréciée pour sa remarquable couleur et ses propriétés mystiques. L'Apocalypse de Jean dit que le trône de Dieu est fait en émeraude. Le légendaire savoir mystique du dieu égyptien Thot était gravé sur des tablettes d'émeraude. Cette pierre est imprégnée de tradition mystique.

L'émeraude est associée à la planète Mercure, le messager des dieux dans l'astrologie védique. Cléopâtre aimait ses émeraudes plus que tous ses autres bijoux. Les momies égyptiennes étaient souvent enfouies avec une émeraude gravée du symbole de la jeunesse éternelle. Nulle autre gemme n'attire une énergie curative aussi puissante.

Psychologiquement. Favorise l'unité et l'amour sans condition. Améliore l'intellect et fortifie le caractère, tout en favorisant l'harmonie et l'abondance.

Mentalement. Améliore la mémoire. C'est une pierre de sagesse et de discernement.

Émotionnellement. Contribue à l'endurance émotionnelle et à l'adaptabilité. Élimine la jalousie, l'égoïsme et l'hypocondrie.

Physiquement. Ouvre le cœur à la guérison et favorise le rétablissement. Atténue la claustrophobie.

Guérison. Soulage les affections hépatiques, élimine les toxines, ce qui améliore le fonctionnement du foie et des reins. À son tour, cela tonifie le corps physique. L'émeraude est un tonique "printanier", un souffle d'air frais qui soulage les problèmes cardiaques et pulmonaires et facilite l'absorption de l'énergie pranique.

Position. À placer sur les chakras du cœur ou du 3e œil. Traditionnellement sertie dans de l'or jaune et portée à l'auriculaire gauche pour favoriser la communication et surmonter la timidité.

Citrine

- **Couleur** *Transparent*
- **Aspect** *Géode, pointe ou grappe*
- **Disponibilité** *Rare*
- **Source** *Brésil, Inde, États-Unis, Madagascar, Russie, France*
- **Ange** *Archange Jophiel*

Géode de citrine

Attributs. La plupart du quartz jaune et brun-jaune vendu parfois sur le nom de "topaze jaune" est en fait de l'améthyste chauffée. La plupart de la citrine naturelle est jaune citron ou jaune citron fumé. Jadis, on arborait la citrine comme protection contre le venin de serpent et les pensées nuisibles des autres. Cette pierre précieuse équilibre le chakra du plexus solaire, purifie et fortifie le corps mental. De par sa couleur rappelant les rayons du soleil, la citrine favorise l'énergie positive et l'intensifie. Elle confère à ceux qui l'utilisent une "disposition joyeuse, radieuse".

Psychologiquement. La citrine est utilisée en cas d'énergie faible, lorsqu'on a perdu sa *joie de vivre,* quand on se sent désorienté, confus ou dispersé. Si la joie et le rire sont absents, si on sent peser sur soi le fardeau des inquiétudes, si on a perdu son pouvoir personnel et son sens du moi, la citrine stimule rapidement la confiance, l'enthousiasme et le respect de soi.

Mentalement. Si on se sent constamment épuisé, si la plus infime tâche devient un obstacle insurmontable, l'utilisation de la citrine est appropriée. Elle aide aussi à écarter les pensées négatives, les comportements addictifs, la crainte, le doute de soi.

Émotionnellement. Confère moral élevé et stable, liberté, joie et rire. Accroît la maîtrise de soi. Élève l'estime personnelle et confère une impression de bien-être global. Stimule la conversation et accroît la communication. Prévient la timidité, donne du courage.

Physiquement. Agit sur le pancréas, le foie, la vésicule biliaire, la rate, le côlon transverse, le système nerveux, le système digestif et la peau.

Guérison. Fortifie, tonifie, stimule, renforce l'énergie.

Position. Sur le chakra du plexus solaire ou à porter en pendentif ou en bague pendant de longues périodes.

Lapis-lazuli

- **Couleur** *Bleu outremer avec des mouchetures de pyrite dorée*
- **Aspect** *Opaque*
- **Disponibilité** *Facile à trouver*
- **Source** *Afghanistan*
- **Ange** *Archange Michaël*

Lapis-lazuli brut

Lapis-lazuli roulé

Attributs. Déjà au IVe millénaire AV.J.-C., la cité mésopotamienne d'Ur vivait d'un commerce florissant de lapis-lazuli. Le nom vient du latin *lapis,* "pierre", et de l'arabe *azul,* "bleu". Pierre éthérique d'une haute intensité, le lapis renferme les énergies de vérité, de sagesse, de patience, d'inspiration, d'intégrité, de loyauté, de révélation et de contemplation.

Psychologiquement. Le lapis-lazuli aide à développer les vertus de vérité, d'honnêteté et de foi. Il confère la sécurité en cas de besoin immédiat de protection contre l'attaque d'entités énergétiques inférieures, en cas de malédiction ou si on pense être la victime du "mauvais œil".

Mentalement. Atténue la dépression, favorise la clarté mentale, aide à assumer la responsabilité pour sa vie. Amplifie les pensées et stimule l'objectivité. Combat la peur de dire la vérité.

Émotionnellement. Harmonise les conflits émotionnels et fait cesser l'hésitation, l'indécision et l'incertitude.

Physiquement. Soulage la douleur, surtout les maux de tête et la migraine. Utilisé pour soigner la gorge, les poumons, la thyroïde, le thymus et l'hypertension.

Guérison. Diminue la fièvre et régularise l'hyperactivité et les processus inflammatoires. Confère clarté et sérénité. Apaise les infections de la gorge et des oreilles.

Position. À placer sur les chakras de la gorge et du 3e œil. À porter en pendentif ou en bague pendant de longues périodes pour tirer tout le bénéfice de cette étonnante pierre précieuse. En cas d'hypotension, il ne faut jamais porter longtemps du lapis-lazuli.

Danburite

- **Couleur** *Clair, blanc, jaune ou rose*
- **Aspect** *Transparent, avec des striures*
- **Disponibilité** *Facile à trouver*
- **Source** *Mexique, États-Unis, Japon, Birmanie, Suisse*
- **Ange** *Archange Gabriel*

Danburite brute

Pointe naturelle de danburite

Attributs. La danburite tient son nom du lieu de sa découverte, Danbury (Connecticut, États-Unis). Sa vibration extrêmement élevée accorde rapidement les sens au monde angélique. Ouvre et purifie sur le champ les chakras du cœur et couronne, tout en favorisant les rêves lucides. La danburite confère lumière, clarté et pureté à l'aura, autrement dit elle a le pouvoir de modifier tous les états ayant causé souffrance et malaise. De par sa nature, c'est une panacée.

Psychologiquement. Fait descendre la lumière divine. Utilisée pour la direction, l'éveil spirituel, la purification de l'âme, la révélation, l'inspiration et les rêves clairvoyants. Cristal de transition, utile lorsqu'on démarre de nouveaux projets, quand on change de carrière professionnelle ou même lorsqu'on pense à poser les bases d'une famille.

Mentalement. Alerte aux coïncidences pavant la voie permettant de laisser aller le passé.

Émotionnellement. Écarte les miasmes émotionnels. Relie à la sérénité des anges et des domaines angéliques.

Physiquement. Atténue les allergies et les états chroniques dégradés, élimine les toxines, ce qui améliore à son tour le fonctionnement du foie, de la vésicule biliaire, des reins, du pancréas et de la peau.

Guérison. Cristal versatile faisant montre d'une large gamme d'énergies curatives.

Position. Sur n'importe quel chakra. À porter en pendentif. Peut être serti dans de l'argent ou de l'or. Excellente essence de gemmes (voir page 283).

Rubis

- **Couleur** *Rouge*
- **Aspect** *Transparent*
- **Disponibilité** *Facile à trouver*
- **Source** *Inde, Mexique, Madagascar, Russie, Sri Lanka*
- **Ange** *Archange Uriel*

Rubis brut

Rubis taillé

Attributs. Le rubis est censé être la plus précieuse des gemmes créées par Dieu. C'est le "seigneur des gemmes", qui ornait jadis le pectoral du Grand prêtre. La Bible dit que la sagesse est plus précieuse que les rubis. En sanskrit, on l'appelle *ratnaraj* ("roi des pierres précieuses") et *ratnanayaka*, ("chef des pierres précieuses"). Le rubis instille dans celui qui le porte passion pour la vie, courage, persévérance et qualités de leader. Le rubis convient aux pionniers, à ceux qui pénètrent les premiers dans des territoires inconnus. Le rubis est pouvoir brut et passion pour la vie.

Psychologiquement. Suscité le dévouement spirituel à travers le service altruiste à autrui. Libère le véritable potentiel de l'âme.

Mentalement. Élimine l'inertie, la tendance à tout laisser au lendemain, l'apathie.

Émotionnellement. Dynamique, élimine la peur. En minimisant les problèmes de survie, rétablit l'envie de vivre.

Physiquement. Détruit les blocages énergétiques profonds de l'organisme. Stimule les processus déjà paresseux ou stagnants. Détoxifie en éliminant l'inertie.

Guérison. Réchauffe le corps et accroît l'énergie physique. Convient aux personnes souffrant d'hypotension, de problèmes circulatoires et d'anémie. Stimule les glandes surrénales.

Position. À placer sur le chakra racine ou sur le chakra étoile terrestre. Il ne faut pas porter des rubis en cas d'hypertension.

Pierre de lune

- **Couleur** *Blanc, crème, pêche, rose, bleu, vert ou arc-en-ciel*
- **Aspect** *Translucide*
- **Disponibilité** *Facile à trouver*
- **Source** *Inde, Sri Lanka*
- **Ange** *Archange Auriel*

Pierres de lune roulées

Attributs. Mystique et magique, un éclat fantomatique scintillant dans ses profondeurs cristallines, pour les Romains la pierre de lune était tissée de rayons lunaires. Ses pouvoirs sont censés changer avec les cycles de la Lune et atteignent leur apogée à la pleine lune. Pierre particulièrement bénéfique pour les femmes de tous âges.

Psychologiquement. Harmonise l'aspect féminin de la personnalité. Permet d'accéder au subconscient. Chaque mois, le pouvoir psychique s'accroît à la pleine lune. Le "voile" entre les mondes est alors le plus mince et les dons naturels de clairvoyance, clairsensation et clairaudition sont intensifiés.

Mentalement. Apaisante. Ouvre le mental aux hasards heureux et aux occasions cachées. Accroît l'intuition.

Émotionnellement. Apaise les émotions. Laisse circuler l'énergie positive, ce qui dissipe les maux, les douleurs et les envies anciennes. Atténue les changements d'humeur.

Physiquement. Particulièrement bénéfique pour le système reproducteur féminin. Soulage les troubles digestifs et les maux d'estomac. Calme la thyroïde hyperactive. Diminue l'hypertension. Atténue les crampes d'estomac et le syndrome prémenstruel. Élimine les toxines, soulage la rétention d'eau et les bouffissures.

Guérison. Apaise le corps, relâche l'excès d'énergie et l'agitation, atténue les excès des glandes surrénales.

Position. Sur le chakra du cœur. À porter en bague ou en pendentif pendant des périodes prolongées pour le meilleur des résultats. À sertir seulement dans de l'argent. Lorsqu'elle n'est pas portée, la pierre de lune doit être enveloppée dans un carré de soie blanche.

Fulgurite

- **Couleur** *Blanc à brun foncé*
- **Aspect** *Texture spongieuse*
- **Disponibilité** *Magasins spécialisés*
- **Source** *Désert du Sahara, plages de Floride (États-Unis)*
- **Ange** *Archange Sandalphon*

Fulgurite brute

Attributs. La fulgurite est unique de par sa formation, car elle naît lorsque l'éclair frappe le sable. Le sable se vaporise au centre et se liquéfie sur le pourtour de l'impact. Les grains de sable fusionnent en de fins tubes vitreux rappelant le contour de l'éclair. La fulgurite est chargée de l'énergie de l'éclair et sa vibration est parmi les plus élevées et rapides du monde minéral. Ce cristal catalyseur, renfermant l'énergie de l'orage, est utilisé pour la transformation spirituelle rapide. La légende affirme que les chamans s'en servaient pour envoyer leurs prières au Divin.

Psychologiquement. Concentre et ancre le pouvoir de la prière et du rituel angélique. Agit comme l'é **projection**
344-345
, c'est un catalyseur du changement. Ouvre puissamment le chakra du 3e œil. A été utilisée pour explorer les autres réalités, les autres dimensions, les vies antérieures, ainsi que pour activer de façon équilibrée la *kundalini* (force psychique).

Mentalement. Engendre un environnement créatif, permettant la manifestation à travers le mental supérieur et les états mentaux supérieurs.

Émotionnellement. Accroît l'intuition. Permet un meilleur aperçu de la formation de l'agitation émotionnelle.

Physiquement. Engendre un tourbillon d'énergie purifiée qui élève le taux vibratoire de son utilisateur et a donc le pouvoir d'atténuer tous les maux physiques.

Guérison. Charge en énergie, purifie et élève le moral. À utiliser lorsqu'on désire avancer considérablement dans la guérison de tout aspect de la psyché.

Position. À placer sur les chakras étoile terrestre et étoile de l'âme. La fulgurite est très fragile et il faut la manier avec le plus grand soin.

Aigue-marine

- **Couleur** *Bleu ciel ou vert bleuâtre*
- **Aspect** *Translucide à opaque*
- **Disponibilité** *Facile à trouver*
- **Source** *Inde, Pakistan, Brésil, Mexique, Afghanistan, Russie, États-Unis*
- **Ange** *Archange Muriel*

Aigue-marine taillée

Aigue-marine brute

Attributs. "Gemme de la mer", l'aigue-marine tient son nom de l'eau de mer. La légende raconte que c'est le trésor des sirènes, investi du pouvoir de préserver du danger les marins en mer. Les anciens pensaient qu'elle protégeait contre les ruses du diable. Rêver d'une aigue-marine signifiait qu'on allait rencontrer de nouveaux amis. Affranchit des impressions et des influences d'autrui.

Psychologiquement. Forte affinité avec les personnes extrêmement accordées aux énergies subtiles. Pierre de courage, filtre l'énergie conflictuelle et discordante. Facilite la communication avec les mondes angéliques. Intensifie les dons psychiques, en particulier la capacité de s'accorder aux images du passé et des autres dimensions.

Mentalement. Calme et concentre le mental, ce qui affûte l'intellect. Clarifie la perception, favorisant par là l'identification des modèles comportementaux inhérents qu'il faut laisser aller pour avancer dans la vie.

Émotionnellement. Calme et apaise les émotions. Élimine rapidement les blocages énergétiques et balaye la colère, la culpabilité, la haine, le ressentiment et la peur. Atténue le chagrin et la tristesse.

Physiquement. Soulage le mal de gorge, les glandes enflées et les problèmes de thyroïde. Atténue la rétention des fluides et les bouffissures. A un effet bénéfique sur les reins, la vessie, les yeux et le système immunitaire. Apaise les crises de panique, le mal de mer et les phobies. Aide à soulager le rhume des foins et les réactions allergiques.

Guérison. Calmant.

Position. Sur n'importe quel chakra. À porter en pendentif ou comme bague, sertie dans de l'argent ou de l'or. Excellente essence de gemme (voir page 283).

ANGES
ET HUILES ESSENTIELLES

L'utilisation de la fragrance pour attirer les anges

Les fragrances sont parmi les outils les plus puissants utilisables pour attirer l'aide angélique, spécialement sous forme d'huiles essentielles. Récemment, l'intérêt pour l'aromathérapie et le bien-être émotionnel qu'elle favorise s'est accru. Jadis, on était conscient des propriétés éthériques des huiles essentielles, largement utilisées par les prêtres et les prêtresses de pratiquement toutes les religions. Les huiles aromatiques attiraient les esprits et les divinités, bannissaient les démons, purifiaient les lieux de culte. Les dévots s'enduisaient de senteurs sacrées pour faciliter la communication divine.

Huiles essentielles. Les huiles essentielles sont des substances aromatiques hautement concentrées, sécrétées naturellement par toutes sortes de végétaux. Certaines huiles essentielles sont distillées à partir des pétales des fleurs, d'autres des fruits, graines, tiges, écorces,

L'utilisation de la senteur dans un rituel est une aide puissante pour l'épanouissement spirituel et l'accord angélique.

rameaux, racines, bois, résines, herbes. Par exemple, l'huile de néroli est produite à partir de fleurs d'oranger, l'huile de gingembre, à partir de la racine de l'oranger et l'huile de patchouli, à partir des feuilles d'oranger. Les huiles essentielles sont produites dans tous les pays du monde.

La senteur est une forme éthérique subtile de communication qui élève la conscience, car elle véhicule l'âme de la plante. En s'adressant à l'odorat, les plantes communiquent avec les hommes sur un profond plan instinctif. Les récepteurs olfactifs sont situés dans la partie la plus ancienne du cerveau humain, non gouvernée par le mental logique.

Beaucoup d'huiles essentielles sont distillées à partir des fleurs – en tant que telles, elles sont l'esprit sacré de la fleur correspondante.

Il y a bien des manières d'utiliser les huiles essentielles pour le corps, le mental et l'esprit. Il y a aussi plusieurs façons de les absorber dans le corps, par exemple à travers la peau. Précieuses et très concentrées, les huiles essentielles doivent être gardées dans un lieu sombre et frais, dans des bouteilles hermétiquement fermées pour éviter l'évaporation.

Huiles-base et consignes de sécurité

Les aromathérapeutes utilisent une diversité d'huiles-base auxquelles ils ajoutent des huiles essentielles. Les huiles suivantes conviennent pour une utilisation sans danger sur la peau, en tant qu'huiles-base pour les préparations de massage, de bain ou les parfums : amande douce, noix de coco, noyau d'abricot, pépins de raisin, carthame, germes de blé, jojoba, avocat, tournesol et onagre. L'huile d'amandes douces est facile à trouver, tout comme celle de tournesol et de carthame. L'huile d'amandes douces est utilisée en Inde pour affûter les capacités intellectuelles.

Lorsqu'on achète une huile-base, il est préférable qu'elle soit bio ou du moins pure. De par leur texture fine, les huiles d'amandes douces, de noix de coco, de noyau d'abricot et de pépins de raisin sont facilement absorbées par la peau. D'autres huiles, comme l'huile de germes de blé, d'avocat et de jojoba, sont riches et épaisses.

Sécurité. Les huiles essentielles pures sont très concentrées et doivent être manipulées avec prudence. Voici quelques conseils de sécurité à respecter en travaillant avec les huiles essentielles. Si une huile essentielle particulière vous intéresse, consultez un livre spécialisé.

- Ne jamais prendre des huiles essentielles par voie interne.
- Ne jamais utiliser une huile essentielle concentrée directement sur la peau.
- À garder hors de l'atteinte des enfants et des animaux. Grande prudence en utilisant des huiles essentielles chez des enfants.
- En cas de grossesse, épilepsie, hypertension ou hypotension ou tout

autre problème spécifique, demander un avis médical avant d'utiliser toute huile essentielle.

- Ne jamais appliquer sur les yeux.
- Attention à certaines huiles (surtout les huiles d'agrumes) avant l'exposition directe au soleil.
- Avant de verser des huiles essentielles dans l'eau du bain, on y dilue une petite quantité d'huile-base.
- Un usage continu des huiles essentielles risque de provoquer avec le temps une sensibilité excessive à certaines substances, des nausées ou des maux de tête.
- En cas de réaction gênante, l'utilisation de l'huile doit être arrêtée sur le champ.
- Ne jamais conduire ou diriger des appareils immédiatement après un traitement relaxant, surtout avec des huiles soporifiques.
- Garder loin des surfaces lustrées, du plastique, du feu ou des sources d'incendie.

Un choix de bouteilles et de pipettes est utile lorsqu'on commence à préparer ses propres fragrances et huiles de massage.

Massage, bain et inhalation de vapeurs

Il y a bien des façons d'utiliser les huiles essentielles pour le corps, le mental et l'esprit. Les quantités conseillées peuvent sembler infimes. Parfois, l'arôme est à peine perceptible, mais est là – les récepteurs olfactifs du cerveau s'habituent rapidement à l'odeur et on finit par avoir l'impression qu'elle s'estompe.

Massage. Méthode des plus utilisées par les aromathérapeutes, le massage aux huiles essentielles relaxe le corps, éliminant le stress et la tension. La fragrance agit directement sur les niveaux émotionnels les plus profonds pendant que la peau absorbe les éléments thérapeutiques des huiles.

Une préparation simple pour une huile de massage mélange 5 gouttes de l'huile essentielle choisie à 1 cuillerée à soupe d'huile-base (d'amandes douces, de noyau d'abricot, de pépins de raisin, de soya ou de tournesol). Si plusieurs huiles essentielles entrent dans la composition, il faut les mélanger avant de les ajouter à l'huile-base et adapter le nombre de gouttes en conséquence. Il est toujours sage de pra-

Les huiles essentielles sont utilisées au massage pour relaxer le corps et favoriser la détoxication.

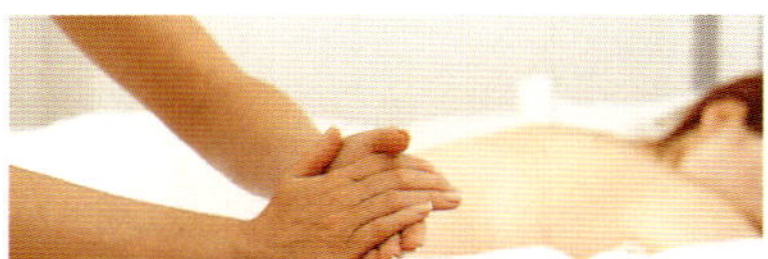

tiquer un test sur la peau 24 heures avant d'utiliser le mélange pour un massage, surtout en cas d'allergies connues aux parfums et aux cosmétiques. (Voir pages 338 et 339 pour les conseils de sécurité lors de l'utilisation des huiles essentielles.)

Bain. Prendre un bain avec des huiles essentielles est une méthode prouvée de purification personnelle. Le bain exalte les sens et accorde aux énergies subtiles. On verse dans une baignoire pleine un mélange d'au maximum 8 gouttes de l'huile essentielle choisie et d'une cuillerée à soupe d'huile-base, puis on agite l'eau. Il est préférable de fermer la porte de la salle de bains pour empêcher les vapeurs de s'échapper. Le bain doit durer au moins 15 minutes. Certaines huiles essentielles sont à éviter dans le bain, dont le gingembre, le thym, la menthe poivrée, l'eucalyptus, le basilic, la cannelle et le giroflier.

On peut aussi utiliser les huiles essentielles sous la douche, en versant 2 gouttes d'huile essentielle sur une éponge dont on se frotte sous le jet l'eau chaude. On inspire à fond par le nez.

Ajoutez un mélange d'huiles essentielles à votre bain. L'association de camomille et de lavande favorise le sommeil reposant.

Inhalation de vapeurs. Certaines huiles essentielles peuvent être inhalées sous forme de vapeurs. On verse dans l'eau chaude d'un bol 2 gouttes de l'huile choisie et on tient son visage à environ 25 cm du bol, tête couverte d'une serviette, yeux fermés. On inspire à fond par le nez pendant 2 minutes.

Diffuseurs

Les diffuseurs chauffent les huiles essentielles et libèrent les molécules d'arôme dans l'atmosphère. Les bols d'eau, les bougies et les radiateurs peuvent être utilisés dans ce même but.

Les diffuseurs en céramique sont munis d'un bol électrique ou chauffé par une bougie coupelle. Le diffuseur est placé dans la pièce qu'on désire parfumer, le bol est rempli d'eau à laquelle on ajoute jusqu'à 6 gouttes d'huile essentielle, puis chauffé.

Bol d'eau. Toutes les fenêtres et les portes de la pièce qu'on désire parfumer sont fermées. On verse de l'eau chaude dans un bol résistant à la chaleur, on ajoute jusqu'à 8 gouttes d'huile essentielle et on attend 10 minutes pour que l'arôme imprègne l'atmosphère de la pièce.

Bougies. Une bougie brûle jusqu'à ce que la cire soit fondue en son centre. On souffle la flamme et on ajoute 2 gouttes

Les huiles essentielles peuvent être diffusées en utilisant des brûleurs, des bougies, des bols d'eau et des ampoules électriques.

d'huile essentielle à la cire fondue là, puis on rallume la bougie.

Ampoules électriques. Des anneaux spéciaux au centre creux, en métal ou en céramique, peuvent être placés sur les ampoules électriques (des lampes de table ou de chevet). La lampe éteinte, l'anneau est posé sur l'ampoule électrique, puis rempli de 5 gouttes d'huile essentielle. Une fois la lumière allumée, la fragrance est libérée.

Aérosols. Manière paradisiaque d'utiliser l'huile essentielle, qui purifie et sanctifie ainsi rapidement un espace sacré. On verse 5 gouttes d'huile essentielle dans un atomiseur en verre rempli d'eau. On secoue bien à chaque utilisation pour mélanger l'huile et l'eau et on vaporise dans les airs, en évitant les surfaces polies et les tissus délicats genre velours ou soie.

Feux de cheminée et radiateurs. On place 1 goutte d'huile essentielle sur chaque bûche une heure avant d'allumer le feu. Si on ne dispose pas de cheminée, un maximum de 8 gouttes d'huile essentielle sur un coton placé sur un radiateur auront le même effet. On peut aussi ajouter de l'huile essentielle à l'eau d'un humidificateur posé sur le radiateur.

Fleurs. On dépose 1 goutte d'huile sur les fleurs en soie, en papier ou séchées. Certaines huiles essentielles sont presque claires, d'autres très foncées – attention à ne pas tacher les fleurs.

Ajoutez 2 gouttes de l'huile choisie à la cire fondue de la bougie, puis rallumez celle-ci.

Parfumer des objets dans la maison

Les huiles essentielles peuvent parfumer en douceur beaucoup d'objets. Cette fragrance imprégnera l'air et conférera une merveilleuse ambiance curative à la pièce. Les oreillers, les vêtements, le linge de lit et les mouchoirs, tout peut être parfumé.

Oreillers et coussins. Quelques gouttes d'huile essentielle vaporisées sur les oreillers induisent des rêves angéliques ou font venir les anges dans la pièce de méditation ou dans le cabinet de thérapie. Certaines huiles tachent – il est préférable de verser l'huile essentielle sur une boule de coton placée à l'intérieur de la taie d'oreiller.

Vêtements. Une goutte d'huile essentielle est placée directement sur les vêtements – sur la manche, pour pouvoir respirer facilement l'arôme, ou sur l'ourlet de la robe ou de la veste qui voletteront dans les airs à chaque mouvement. De même, on parfume les mouchoirs avec 1 goutte d'huile essentielle.

Lotions et eaux florales. On peut ajouter quelques gouttes de son huile essentielle préférée aux crèmes et lotions sans parfum achetées dans le commerce.

Les eaux florales consacrent et purifient les espaces magiques avant le rituel ou la méditation. Elles peuvent enduire des objets sacrés et des bougies, ainsi que soigner la peau. Souvent utilisées comme parfums, les huiles de rose, de lavande, de néroli et de jasmin conviennent particulièrement pour le soin de la peau. Bien que l'huile soit insoluble dans l'eau, l'énergie subtile et la fragrance sont transférées à l'eau pendant le processus d'infusion. Pour une solution utilisable dans un atomiseur, on verse 30 gouttes d'huile essentielle dans

100 ml d'eau de source, on laisse infuser quelques jours dans un lieu sombre et frais, puis on filtre à travers un filtre à café.

Les pommades sont la plus ancienne application traditionnelle des huiles essentielles. L'huile essentielle est diluée comme pour le bain ou le massage. On l'utilise comme parfum, pour la protection, ou on l'applique sur des objets sacrés, bougies ou cristaux.

Utilisez la fragrance pour attirer les anges ; parfumez votre linge de lit pour faciliter les rêves angéliques.

Huiles essentielles pour des problèmes spécifiques

Certains problèmes réagissent à un certain nombre d'huiles. Les pages suivantes présentent une liste d'huiles pour chaque situation ou problème spécifique, liste susceptible d'être modifiée. Les huiles essentielles sont complexes : en moyenne, une huile essentielle contient plus de 100 composantes, dont les esters, les aldéhydes, les cétones, les phénols, les alcools, les terpènes. On peut choisir une huile de la liste ou concevoir son propre mélange dans une huile-base. En amalgamant deux ou plusieurs huiles, on crée un nouveau composé.

En examinant la liste d'huile avec un pendule et en pratiquant la radiesthésie, on peut déterminer l'huile la plus appropriée pour soi et pour sa situation actuelle.

Plusieurs huiles apparaissent sous divers intitulés, car elles remplissent plus d'une fonction. Par exemple, le citron confère l'équilibre, agit directement sur le système nerveux central et stimule ou relaxe selon les situations.

Lorsqu'on utilise des huiles pour la méditation, la divination ou le travail avec les rêves, on doit toujours se servir de la

*Le **citron** confère l'équilibre, aiguise l'intellect et aide la communication et l'apprentissage.*

La **sauge sclarée** aide la méditation en éliminant les conflits intérieurs.

La **camomille** ouvre les chakras supérieurs, favorise la méditation et le sommeil reposant.

même huile ou mélange d'huiles, qui signalera au subconscient le changement des fréquences et le passage dans des états modifiés de conscience.

Guérison – Archange Raphaël. Pour ouvrir le chakra du cœur et attirer les anges de guérison, de rajeunissement, de régénération et de renouvellement, on utilise les huiles essentielles suivantes :
Bay • Camomille • Citron • Essence de rose • Giroflier • Genévrier • Lavande • Menthe verte • Mimosa • Néroli • Œillet • Palmarosa • Pin • Santal • Thym

Méditation – Archange Tzaphkiel. Pour ouvrir les chakras couronne et du 3e œil et inviter les anges de méditation, de contemplation, de réflexion et d'introspection, on utilise les huiles essentielles suivantes :
Encens • Fenouil officinal • Fleurs de tilleul • Lavande • Sauge sclarée • Violette

Sagesse spirituelle – Archange Zadkiel. Pour ouvrir les chakras supérieurs et appeler les anges de la sagesse spirituelle, du discernement, de la compréhension divine et du savoir divin, on utilise les huiles essentielles suivantes :
Benjoin • Bois de rose • Camomille • Carotte sauvage • Cyprès • Encens • Fleurs de tilleul • Myrrhe • Romarin • Santal • Sauge • Sauge sclarée

Le **jasmin** a un arôme exquis qui ouvre la conscience aux mondes célestes.

Le **narcisse** est utilisé pour l'inspiration, les rêves prophétiques et la transe.

Visions – Archange Raziel. Pour clarifier le chakra du 3e œil, dévoiler les secrets de l'univers et appeler rapidement les anges des visions spirituelles, de la prophétie et des révélations, on utilise les huiles essentielles suivantes :

Bay • Benjoin • Bois de rose • Cannelle • Carotte sauvage • Citron vert • Citronnelle • • Essence de rose • Galbanum • Jasmin • Mimosa • Myrrhe • Narcisse • Néroli • Santal • Sauge • Tubéreuse

Rêves angéliques – Archange Gabriel. Ces huiles à vibration élevée appellent les anges du destin pour que la conscience prenne son essor pendant le sommeil, afin de conférer rêves angéliques et direction. On utilise les huiles essentielles suivantes :

Aneth • Angélique • Anis étoilé • Basilic • Bay • Benjoin • Cannelle • Citronnelle • Coriandre • Élémi • Essence de rose • Fleurs de tilleul • Immortelle • Mélisse • Menthe verte • Mimosa • Myrrhe • Narcisse • Néroli • Ravensara • Sauge sclarée

Communication angélique – Archange Haniel. Pour former des liens durables d'inspiration angélique et fortifier les talents de communication en purifiant le chakra de la gorge, on utilise les huiles essentielles suivantes :

Bay • Camomille • Citron • Essence de rose • Fleurs de tilleul • Mandarine • Myrrhe • Néroli • Œillet • Orange • Pamplemousse • Santal

Divination – Archange Raziel. Pour accéder plus facilement à la direction supérieure et favoriser les états intensifiés de conscience qui fortifieront les talents de divination et conduiront à un nouveau plan spirituel (y compris les lectures angéliques), on utilise les huiles essentielles suivantes :

Angélique • Bay • Benjoin • Bois de rose • Cannelle • Carotte • Citronnelle • Encens • Fleurs de tilleul • Galbanum • Giroflier • Menthe poivrée • Mimosa • Myrrhe • Narcisse • Santal • Sauge • Sauge sclarée • Tubéreuse

Enfant intérieur – Archange Chamuel. Pour appeler à son côté les anges aidant à régler, à soigner et à fortifier les relations. Ceux-ci favorisent la reconnexion avec son enfant intérieur visant l'atteinte de la guérison profonde, du réconfort et du pardon, aident à éliminer les problèmes de maltraitance passée, d'abandon et de négligence. On utilise les huiles essentielles suivantes:

Benjoin • Camomille • Encens • Essence de rose • Géranium • Jacinthe • Lavande • Mandarine • Mélisse • Néroli

*La **myrrhe** est considérée l'une des plantes des plus sacrées, utile pour la purification et l'abandon du passé.*

*Le **géranium** équilibre les émotions permettant aux anges d'amour de se rapprocher.*

Transition – Archange Métatron. Au fil du temps, les gens ont brûlé de l'encens autour des personnes en train de passer de la vie à la mort. On pensait que les beaux arômes attiraient les anges et que la fumée de l'encens et des herbes sacrées conduisait l'âme au ciel. Pour appeler les anges d'ascension de l'Archange Métatron, pour accélérer la montée de l'âme vers le Divin et l'assister dans l'abandon du monde matériel lors d'une transition paisible, on utilise les huiles suivantes :
Benjoin • Camomille romaine • Cèdre • Cyprès • Encens • Essence de rose • Fleurs de tilleul • Genévrier • Géranium • Jasmin • Lavande • Mandarine • Néroli • Patchouli • Santal • Vétiver

Solitude – Archange Jophiel. La dépression, la solitude, le chagrin et la mélancolie affectent tous les gens à un moment ou un autre, souvent suscités par des causes extérieures, comme un deuil, la perte d'un emploi, la rupture d'une relation. Ils peuvent durer quelques jours, semaines, mois, même années. Les huiles suivantes purifient le corps, le mental et l'esprit et appellent les anges de

*Le **genévrier** est utilisé pour la purification, la protection et la dissipation des énergies négatives. Écarte les traumatismes anciens.*
*La **bergamote** élève le moral, favorise la confiance en soi et purifie le mental.*

l'illumination, du soleil et de la joie :
Benjoin • Bergamote • Camomille • Citron • Immortelle • Narcisse • Néroli

Purification – Archange Zadkiel. Pour la purification de l'aura par la trans-

mutation de l'énergie négative en positive on invoque ce gardien de la flamme violette. L'huile de lavande aide à laisser aller les émotions négatives telles que la colère, la haine, le ressentiment, l'amertume, et répare les dommages auriques. Les émotions négatives abaissent le taux vibratoire et attirent comme un aimant l'énergie négative. On utilise les huiles essentielles suivantes :
Bay • Basilic • Cajeput • Camphre • Cèdre • Citron • Citron vert • Citronnelle • Cyprès • Encens • Essence de rose • Eucalyptus • Galbanum • Genévrier • Hysope • Lavande • Mélisse • Menthe poivrée • Menthe verte • Mimosa • Myrrhe • Nard • Néroli • Niaouli • Pin • Romarin • Sauge • Sauge sclarée • Santal • Tea tree • Thym • Valériane • Verveine • Verveine d'Inde

Consécration – Archange Zadkiel. Pour la consécration des objets sacrés et la création d'un espace sacré pour la méditation, les rituels ou le travail avec les rêves, on demande l'aide de l'Archange Zadkiel en utilisant les huiles essentielles suivantes :
Anis étoilé • Basilic • Cèdre • Encens • Fenouil officinal • Hysope • Lavande • Mélisse officinale • Menthe poivrée • Niaouli • Pin • Romarin • Sauge • Verveine

*L'**eucalyptus** est utilisé pour les rituels de guérison où l'énergie négative doit être relâchée.*

*L'**anis étoilé** est traditionnellement utilisé pour les rituels de consécration et de purification.*

Protection – Archange Michaël. Pour la protection, la sécurité, le chargement en pouvoir, le dépassement des obstacles et l'affranchissement de la peur, y compris du doute de soi continu, on appelle l'Archange Michaël et ses légions d'anges en utilisant les huiles essentielles suivantes :

Achillée • Anis étoilé • Anis • Bay • Cajeput • Citron vert • Cumin • Élémi • Encens • Fenouil officinal • Galbanum • Genévrier • Géranium • Gingembre • Giroflier • Hysope • Lavande • Mélisse • Mimosa • Mousse de chêne • Myrrhe • Nard • Niaouli • Œillet • Palmarosa • Pin • Poivre noir • Romarin • Sauge • Sauge sclarée • Tea tree • Thym • Valériane • Vétiver

Centrage – Archange Jophiel. Pour centrage, équilibration, rétablissement de la lumière intérieure et l'harmonie, on utilise les huiles essentielles suivantes qui invoquent l'Archange Jophiel :

Bois de rose • Cèdre • Citron • Géranium • Lavande • Mandarine • Orange • Pamplemousse • Ylang-Ylang

Intention focalisée – Archange Jophiel. Pour concentrer l'intention, rétablir la clarté mentale et fortifier la mémoire, on utilise les huiles essentielles suivantes :

*L'**hysope** est utilisée pour la protection et la consécration des objets et des espaces rituels. À éviter en cas de grossesse.*

*La **lavande** est utilisée pour la méditation, la protection et la réparation de l'aura.*

La menthe poivrée dissipe les pensées négatives, purifie les objets rituels et les espaces sacrés.

La jacinthe apporte la paix intérieure et aide à écarter les modèles comportementaux compulsifs.

Basilic • Cajeput • Cèdre • Encens • Fenouil officinal • Genévrier • Mandarin • Menthe verte • Mousse de chêne • Nard • Néroli • Orange • Palmarosa • Romarin • Tea tree

Bannir la négativité – Archange Michaël. Pour bannir la négativité et dissiper l'anxiété, les phobies et l'appréhension, on utilise les huiles essentielles suivantes :

Bergamote • Camphre • Camomille • Citron vert • Essence de rose • Eucalyptus • Hysope • Lavande • Mandarine • Marjolaine • Menthe poivrée • Néroli • Sauge • Santal • Ylang-Ylang

Paix intérieure – Archange Uriel. Pour rétablir la paix intérieure, l'harmonie de l'âme et atteindre une réalité ancrée, on utilise les huiles suivantes :

Camomille • Essence de rose • Jacinthe • Lavande • Mandarine • Mélisse • Myrte • Néroli • Œillet • Petit-grain • Santal

Confiance – Archange Jophiel. Pour la confiance en soi, le respect de soi et un accroissement de la créativité personnelle, on appelle l'Archange Jophiel en utilisant l'une des huiles essentielles suivantes :

Basilic • Bergamote • Camomille • Citron • Citron vert • Jasmin • Litsée verveine •Mandarine • Orange • Pamplemousse •

Romarin • Ylang-Ylang

Courage – Archange Uriel. Pour courage, force, endurance et vigueur, on appelle l'Archange Uriel en utilisant l'une des huiles suivantes qui stimule le chakra racine. Uriel aidera aussi à surmonter la peur irrationnelle, la paranoïa et les crises de panique.

Achillée • Basilic • Encens • Fenouil officinal • Gingembre • Giroflier • Marjolaine • Poivre noir • Œillet • Pamplemousse • Ravensara • Thym

Aphrodisiaque – Archange Chamuel. Les huiles suivantes sont des aphrodisiaques qui accroissent la sensualité. On appelle l'Archange Chamuel pour aider les relations, surtout la conscience de l'énergie *kundalini*. Le jasmin est traditionnellement utilisé lors des rituels tantriques.

Cardamome • Carotte sauvage • Cumin •

La ***marjolaine*** *ouvre le chakra du cœur, dissipe la peur et favorise l'extase.*

La ***vanille*** *attire les énergies tendres et stimule le chakra racine, qui accroît la circulation de l'énergie.*

Essence de rose • Gingembre • Jasmin • Patchouli • Tubéreuse • Vanille • Ylang-Ylang

Attirer l'amour, la joie, le bonheur ou une âme sœur – Archange Chamuel. Pour ouvrir et guérir le chakra du cœur et attirer l'amour, pour découvrir des relations joyeuses, heureuses et même une âme sœur, on utilise l'une des huiles suivantes :

Achillée • Cannelle • Coriandre • Fleurs de tilleul • Giroflier • Jasmin • Mimosa • Myrte • Orange • Palmarosa • Rose • Vanille • Ylang-Ylang

Attirer la chance – Archange Jophiel. Certains attirent la chance ; ils ont développé la conscience de la prospérité. Pour comprendre les lois de la manifestation, on appelle l'Archange Jophiel et on utilise une combinaison de deux ou trois des huiles essentielles suivantes, qui éliminera les blocages des chakras racine, sacré et du plexus solaire :

Bay • Cannelle • Cumin • Giroflier • Mélisse • Myrte • Mousse de chêne • Nard • Pin • Santal • Vétiver

*L'**achillée** bannit l'énergie négative et accroît l'amour, l'amitié et les pouvoirs psychiques. La **cannelle** stimule les pouvoirs mentaux et aide la concentration.*

ANGES ET ASTROLOGIE

Anges planétaires

L'antiquité connaissait sept planètes. Un être énergétique archétypal était assigné à chacune, qui régissait aussi le jour correspondant de la semaine.

Dans l'Espagne mauresque du XIIe siècle, la fertilité du mélange des cultures chrétienne, arabe et juive a généré l'époque d'or de la Renaissance, annonçant la fin de l'obscurantisme. Le premier texte sur les anges planétaires est originaire de l'Espagne de cette époque-là.

À partir du XVIe siècle, ce savoir a été réprimé et condamné en Europe par le puritanisme protestant, mais la synthèse d'astrologie, de religion, de mysticisme et de magie alchimique a refait surface une fois de plus. À mesure que d'autres planètes ont été découvertes – Uranus, Neptune et Pluton – des anges leur ont été assignés.

Jadis, les sept planètes connues étaient tenues pour des entités divines ou des dieux.

Chacune de ces sept planètes est associée à un être angélique qui aide à faire se manifester les rêves et les aspirations.

Les planètes et leurs anges gouvernants

Planète	*Ange*	*Planète*	*Ange*
Soleil	*Archange Michaël*	*Vénus*	*Archange Hagiel*
Lune	*Archange Gabriel*	*Saturne*	*Archange Cassiel*
Mars	*Archange Camael*	*Uranus*	*Uriel*
Mercure	*Archange Raphaël*	*Pluton*	*Azrael*
Jupiter	*Archange Zadkiel*	*Neptune*	*Asariel*

Anges du zodiaque

Les anges planétaires gouvernent aussi le zodiaque. Celui-ci est divisé en 12 signes astrologiques associés aux 12 constellations. Les anges du zodiaque aident à comprendre la personnalité de son signe astrologique de naissance. Si le thème natal a été dressé, on peut travailler avec d'autres anges, comme l'ange de l'Ascendant ou l'ange du signe lunaire.

Anges du zodiaque

Signe	*Ange*	*Qualités du signe zodiacal*
Bélier	*Camael*	*Assuré et confiant*
Taureau	*Hagiel*	*Fiable et pratique*
Gémeaux	*Raphaël*	*Adaptable et sociable*
Cancer	*Gabriel*	*Sensible et compatissant*
Lion	*Michaël*	*Généreux et ouvert*
Vierge	*Raphaël*	*Efficace et analytique*
Balance	*Hagiel*	*Harmonieux et diplomate*
Scorpion	*Azrael et Camael*	*Intense et puissant*
Sagittaire	*Zadkiel*	*Optimiste et aventureux*
Capricorne	*Asariel*	*Prudent et responsable*
Verseau	*Uriel et Cassiel*	*Idéaliste et humaniste*
Poissons	*Asariel et Zadkiel*	*Artiste et émotif*

Anges des saisons

Ces tableaux listent les anges des 4 saisons et des 12 mois, ainsi que les 28 anges régissant les phases lunaires. Ces tableaux aident à maîtriser les forces angéliques pour une utilisation magique visant à réaliser les objectifs et à exaucer les désirs.

Anges des quatre saisons

Saison	*Direction*	*Archange*	*Élément*
Printemps	*Est*	*Raphaël*	*Air*
Été	*Sud*	*Michaël*	*Feu*
Automne	*Ouest*	*Gabriel*	*Eau*
Hiver	*Nord*	*Uriel*	*Terre*

Anges gouvernant les 12 mois de l'année

Mois	*Ange*	*Mois*	*Ange*
Janvier	*Gabriel*	*Juillet*	*Verchiel*
Février	*Barchiel*	*Août*	*Hamaliel*
Mars	*Machidiel*	*Septembre*	*Zuriel*
Avril	*Asmodel*	*Octobre*	*Barbiel*
Mai	*Ambriel*	*Novembre*	*Adnachiel*
Juin	*Muriel*	*Décembre*	*Anael*

Anges de la Lune

Chaque jour du cycle de 28 jours des phases lunaires est gouverné par un ange.

1. Geniel	*8. Amnediel*	*15. Atliel*	*22. Geliel*
2. Enediel	*9. Barbiel*	*16. Azeruel*	*23. Requiel*
3. Anixiel	*10. Ardifiel*	*17. Adriel*	*24. Abrinael*
4. Azariel	*11. Neciel*	*18. Egibiel*	*25. Aziel*
5. Gabriel	*12. Abdizuel*	*19. Amutiel*	*26. Tagriel*
6. Dirachiel	*13. Jazeriel*	*20. Kyriel*	*27. Atheniel*
7. Scheliel	*14. Ergediel*	*21. Bethnael*	*28. Amnixiel*

Lune croissante et décroissante. Le pouvoir lunaire est la base de la magie naturelle. Pendant des millénaires, les personnes possédant un savoir occulte ont fait appel aux mystérieuses énergies lunaires gouvernant les marées de la vie et de l'inconscient pour éclairer leur esprit.

La nouvelle lune et la pleine lune sont des moments de grande concentration magique. Les bouddhistes tibétains les accueillent par des méditations silencieuses. Des prières spéciales sont récitées dans les synagogues le chabbat précédant la pleine ou la nouvelle lune. La Wicca tient ses *esbats* à cette époque. Après l'équinoxe de printemps, la date de la Pâque chrétienne est calculée par rapport à la pleine lune.

Premier quartier. Dure environ 15 jours, de la nouvelle à la pleine lune. Tout ce qu'on veut voir prospérer doit débuter à cette époque.

Dernier quartier. Dure environ 15 jours, de la pleine à la nouvelle lune. Toute action visant à réduire ou à abandonner quelque chose doit être entreprise à cette époque.

La Lune est associée à la réflexion personnelle, au travail avec les rêves et au voyage astral, ainsi qu'aux facultés psychiques.

Anges des jours et des heures

Chaque jour de la semaine, de même que chaque heure du jour et de la nuit sont régis par un ange. Les encadrés suivants listent les anges de la semaine et des heures.

La Tempérance, l'ange ailé du temps du jeu de Tarot, porte le signe solaire sur son front. Elle verse l'essence de la vie d'une coupe dans une autre.

Anges des jours et de la semaine

Ange	*Jour*
Archange Michaël	*Dimanche*
Archange Gabriel	*Lundi*
Archange Camael	*Mardi*
Archange Raphaël	*Mercredi*
Archange Zadkiel	*Jeudi*
Archange Hagiel	*Vendredi*
Archange Cassiel	*Samedi*

Anges des heures du jour et de la nuit

JOUR	*Dimanche*	*Lundi*	*Mardi*	*Mercredi*
Heures				
1	Michaël	Gabriel	Samael	Raphaël
2	Anael	Cassiel	Michaël	Gabriel
3	Raphaël	Sachiel	Anael	Cassiel
4	Gabriel	Samael	Raphaël	Sachiel
5	Cassiel	Michaël	Gabriel	Samael
6	Sachiel	Anael	Cassiel	Michaël
7	Samael	Raphaël	Sachiel	Anael
8	Michaël	Gabriel	Samael	Raphaël
9	Anael	Cassiel	Michaël	Gabriel
10	Raphaël	Sachiel	Anael	Cassiel
11	Gabriel	Samael	Raphaël	Sachiel
12	Cassiel	Michaël	Gabriel	Samael

NUIT				
Heures				
1	Sachiel	Anael	Cassiel	Michaël
2	Samael	Raphaël	Sachiel	Anael
3	Michaël	Gabriel	Samael	Raphaël
4	Anael	Cassiel	Michaël	Gabriel
5	Raphaël	Sachiel	Anael	Cassiel
6	Gabriel	Samael	Raphaël	Sachiel
7	Cassiel	Michaël	Gabriel	Samael
8	Sachiel	Anael	Cassiel	Michaël
9	Samael	Raphaël	Sachiel	Anael
10	Michaël	Gabriel	Samael	Raphaël
11	Anael	Cassiel	Michaël	Gabriel
12	Raphaël	Sachiel	Anael	Cassiel

JOUR	*Jeudi*	*Vendredi*	*Samedi*
Heures			
1	*Sachiel*	*Anael*	*Cassiel*
2	*Samael*	*Raphaël*	*Sachiel*
3	*Michaël*	*Gabriel*	*Samael*
4	*Anael*	*Cassiel*	*Michaël*
5	*Raphaël*	*Sachiel*	*Anael*
6	*Gabriel*	*Samael*	*Raphaël*
7	*Cassiel*	*Michaël*	*Gabriel*
8	*Sachiel*	*Anael*	*Cassiel*
9	*Samael*	*Raphaël*	*Sachiel*
10	*Michaël*	*Gabriel*	*Samael*
11	*Anael*	*Cassiel*	*Michaël*
12	*Raphaël*	*Sachiel*	*Anael*

NUIT			
Heures			
1	*Gabriel*	*Samael*	*Raphaël*
2	*Cassiel*	*Michaël*	*Gabriel*
3	*Sachiel*	*Anael*	*Cassiel*
4	*Samael*	*Raphaël*	*Sachiel*
5	*Michaël*	*Gabriel*	*Samael*
6	*Anael*	*Cassiel*	*Michaël*
7	*Raphaël*	*Sachiel*	*Anael*
8	*Gabriel*	*Samael*	*Raphaël*
9	*Cassiel*	*Michaël*	*Gabriel*
10	*Sachiel*	*Anael*	*Cassiel*
11	*Samael*	*Raphaël*	*Sachiel*
12	*Michaël*	*Gabriel*	*Samael*

Anges des quatre directions

Le cercle sacré visant à faire venir l'équilibre et l'harmonie dans sa vie, tracé à l'aide des anges des quatre directions, ressemble beaucoup à la Roue de guérison des Amérindiens ou à la croix des Celtes.

Archange Raphaël. Responsable de l'est, portail vers l'esprit, l'illumination, la clarté. C'est la direction des nouveaux commencements, de l'inspiration, de l'illumination, de la créativité, de l'aube, du printemps, des nouvelles naissances, de l'enfance.

Représentation à placer sur l'autel : bâtonnets d'encens, plumes ou clochettes.

Archange Michaël. Responsable du sud, portail vers la physicalité, la confiance et l'innocence. C'est la direction de la vitalité, de la lune haute, du soleil brûlant, de l'été, de la croissance vigoureuse, de la jeunesse et de la passion.

Représentation à placer sur l'autel : bougie, brûleur d'huiles essentielles, image du Soleil.

Archange Gabriel. Responsable de l'ouest, portail vers les émotions, l'inspiration, l'intuition et le changement. L'ouest est la direction associée à l'introspection, au soir, à l'automne, à la maturité, à l'analyse approfondie et au mûrissement.

Représentation à placer sur l'autel : eau, miroir, image de la Lune.

Archange Uriel. Responsable du nord, portail vers le mental, le savoir, la sagesse, la philosophie, la religion, la science. C'est la direction de la nuit, de l'hiver, de la sagesse, de la transformation, de l'abandon de l'inutile pour révéler l'essence.

Représentation à placer sur l'autel : cristaux, images religieuses inspirantes.

ANGES D'ASSISTANCE

En cas de besoin immédiat d'aide

Voilà un guide de référence rapide à utiliser lorsqu'on a un besoin immédiat d'aide angélique. Dieu est omnipotent et omniprésent. Il n'y a rien qui ne soit pas Dieu, bien qu'on l'oublie parfois. Dieu se sert des anges doués d'attributs divins pour rappeler ce fait. Les anges sont la présence active de Dieu dans la vie – ils étayent tout ce qui existe dans l'univers manifeste et non manifeste. L'énergie angélique soutient, entretient et protège l'humanité. Il y a des anges responsables pour toute situation connue du genre humain – il suffit de demander.

L'assistance angélique peut être demandée soit par une requête, soit par une invitation. Qu'elles soient protocolaires ou simples, les invocations et les lettres aux anges reçoivent une réponse – le "channelling" est toujours "assaisonné" de l'ego de la personne qui le pratique, si bien que certains styles sont très protocolaires, d'autres "fleuris" – il n'y a pas de bonne ou de mauvaise manière, il faut se laisser guider par son cœur.

Guérison physique. L'Archange Raphaël est le médecin du monde angélique. On peut faire appel à lui pour se guérir soi-même ou trouver la direction intérieure et l'inspiration exigées pour guérir les autres. Le nom de Raphaël signifie "Dieu guérit". Il porte une coupe de baume curatif.

Pour contacter l'Archange Raphaël on peut utiliser les huiles essentielles d'anis étoilé et de lavande. La lavande offre la régénération et soigne les dommages auriques, l'anis étoilé consacre et protège contre les énergies négatives.

Son élément est l'air, sa planète Mercure, son jour de la semaine le mercredi, son cristal l'émeraude, sa direction, l'est. Il travaille sur le Rayon vert et régit le chakra du cœur du plan physique. Les arbres associés à Raphaël sont le coudrier, le myrte et le mûrier. Les corbeaux ou les ibis, en fait la plupart des oiseaux, ainsi que les plumes blanches sont des signes et des augures indiquant que l'Archange Raphaël répond à la requête de guérison.

Les bougies vertes ou jaunes conviennent. Les résultats se manifestent rapidement, d'habitude dans l'espace de sept jours. On conseille de rédiger la requête de guérison sur un papier vert pâle.

L'essence extraite du mûrier, associé à Raphaël, laisse aller les émotions douloureuses.

Guérison émotionnelle. L'Archange Chamuel aide la guérison des troubles émotionnels et assiste le développement des émotions supérieures du chakra du cœur. Sa couleur est le rose (toutes les nuances), il régit sur le chakra du cœur de la quatrième dimension. Son élément est l'air.

L'huile essentielle d'essence de rose sert à contacter l'Archange Chamuel et à ouvrir le chakra du cœur, apportant amour, paix intérieure et équilibre émotionnel. Son cristal est le quartz rose. Le meilleur jour pour contacter l'Archange Chamuel est le vendredi, régi par la planète Vénus. Les animaux associés à Chamuel sont le cerf, la colombe, le papillon et le lièvre, ses arbres, le cerisier et le pommier.

Pour attirer une réponse rapide, on utilise des bougies roses et des orchidées ou des roses rosées. Les lettres de requête écrites sur du papier rose doivent être brûlées après 28 jours.

L'énergie de l'éléphant est associée à la longévité, à la sagesse et au dépassement des obstacles sur la voie spirituelle.

Guérison spirituelle. L'Archange Zadkiel est l'archange de la joie divine. Le nom de Zadkiel signifie "Droiture de Dieu". C'est le gardien de la flamme violette de transformation spirituelle et de guérison, l'archange de la compassion, qui enseigne la foi en Dieu et la bienveillance de Dieu. Il réconforte aux moments difficiles.

L'huile essentielle de benjoin permet de contacter l'archange Zadkiel pour acquérir sagesse spirituelle, compréhension, détachement, outre laisser aller les émotions douloureuses.

L'élément de Zadkiel est le feu, son domaine le chakra couronne, ses cristaux l'améthyste et l'amétrine. Il gouverne Jupiter, son jour de la semaine est le jeudi. Les fleurs de lilas ou de lavande sont associées à Zadkiel, ses arbres sont le chêne, le frêne ou le cèdre, ses animaux, les éléphants, les baleines, les cygnes ou les canards.

Les bougies de couleur violette, lavande ou améthyste permettent de l'invoquer. Les résultats sont à attendre dans l'espace de quelques jours ou semaines.

Éducation. On peut demander à l'Archange Jophiel et aux anges d'illumination de donner un coup de main quant aux études, aux examens, à l'apprentissage de nouveaux savoir-faire, à la découverte de la sagesse alimentant la créativité. Jophiel, dont le nom signifie "beauté de Dieu", est l'archange de la sagesse qui connecte au moi supérieur. On invoque l'Archange Jophiel lorsqu'on se sent bloqué ou lorsque sa créativité a besoin d'être stimulée. Si on le lui demande, il guérit, purifie, active, équilibre et accorde le corps mental, ce qui écarte les sentiments de faible respect de soi et de confusion mentale.

L'huile essentielle de citron, très énergisante, apportant clarté mentale, rafraîchissant l'esprit, dissipant l'apathie et l'inertie, permet de contacter l'Archange Jophiel. Les aliments de couleur jaune, comme les épis de maïs, les poivrons jaunes, les bananes, les citrons, les pamplemousses, les noisettes, le miel, sont les siens. Ses animaux sont le saumon et la crécerelle.

Le rayon de Jophiel est jaune – les bougies et les fleurs de cette couleur, comme les tournesols, conviennent. Les résultats sont à attendre très rapidement – les lettres pour lui sont écrites sur du papier jaune, qu'on brûle après 7 jours.

Amour. Voir l'archange Chamuel (page 122), spécialiste des relations et de la guérison émotionnelle. Si on demande son aide, il cherchera aussi une âme sœur pour l'individu. Il dirige les anges d'amour – les

Passer des examens et trouver la sagesse sont des rites de passage et d'initiation.

anges qui rendent la vie quotidienne plus harmonieuse. Pour eux, il n'y a pas de tâche infime ou excessive – ils aideront dans toute situation exigeant une communication sincère.

Mariage. Voir l'Archange Chamuel (page 122) et les anges d'amour qui travaillent pour l'épanouissement harmonieux de l'amour d'un bout à l'autre du cosmos.

Protection. L'Archange Michaël est le protecteur de l'humanité, auquel on fait appel pour la force et le chargement en pouvoir. Son nom signifie "Qui est comme Dieu". Sa principale couleur est le jaune, son principal domaine, le feu du plexus solaire. Comme il porte l'épée de flamme bleue, il est souvent associé au chakra de la gorge, à la couleur bleue et à l'élément éther. Michaël est le commandant-en-chef des archanges et conduit les forces célestes contre les démons. Le Rayon bleu représente le pouvoir et la volonté de Dieu, ainsi que la foi, la protection et la vérité.

Les huiles essentielles d'encens et de myrrhe permettent de contacter l'Archange Michaël. L'encens est utilisé pour la purification, la protection, le courage, la consécration, la méditation, le dépassement des peurs et des sentiments négatifs. L'huile essentielle de myrrhe, tenue pour l'une des plus sacrées, purifie, dissipe l'énergie nuisible, protège et laisse aller le chagrin ou la tristesse. Le métal de Michaël est l'or, ses animaux les félins – depuis les lions et les tigres aux chats domestiques –, les hermines et tous les oiseaux noirs. Sa planète est le Soleil, son jour, le dimanche, son arbre le laurier.

On lui écrit sur du papier blanc avec de l'ancre dorée, la lettre est gardée d'un dimanche sur l'autre, puis brûlée.

Accouchement. L'Archange Gabriel guide toutes les sages-femmes et tout ce qui se rapporte à l'accouchement. Ses anges assistants sont Armisael (ange de la matrice) et Temeluch (protecteur des bébés à la naissance et lors de la petite enfance). Gabriel est l'archange de l'éveil, le gardien de l'âme. Son nom signifie "Dieu est ma force". Il aide à interpréter les rêves et les visions. Gabriel est aussi l'ange de l'Annonciation, de la résurrection, de la merci et de la révélation. Il guide l'âme sur son chemin

Appelez l'Archange Gabriel pour guider les sages-femmes au moment de la naissance.

de retour au paradis. Sa trompette éveille l'ange intérieur de chacun et annonce les bonnes nouvelles.

Les huiles essentielles de jasmin et de camphre servent à contacter l'Archange Gabriel. Le jasmin induit l'optimisme, dissipe la tristesse et ouvre aux mondes angéliques. Le camphre dissipe l'énergie négative, purifie et peut servir au nettoyage des cristaux. La planète de cet ange messager est la Lune, son jour le lundi, son métal, l'argent. Il est associé aux lys bancs, aux poiriers, aux saules pleureurs, aux loups et aux hiboux.

Lorsque le travail commence, on allume une bougie verte à Armisael. Le Talmud conseille aussi de réciter neuf fois le Psaume 20. Éventuellement, on écrit une lettre à Armisael avant le début du travail. Si un besoin d'assistance supplémentaire se fait sentir, on appelle l'Archange Gabriel.

Choisir le sexe d'un enfant. L'Archange Sandalphon, l'ange de la prière, est censé décider à la conception du sexe de l'enfant.

Allumez une bougie blanche et invoquez l'aide de Sandalphon pour la conception d'un enfant.

L'ange Lailah est l'ange de la conception (qu'on appelle en cas de problèmes de stérilité, quel que soit le sexe de l'enfant désiré).

Pour contacter l'Archange Sandalphon, on utilise l'huile essentielle de santal et l'encens, qui confèrent conscience spirituelle, paix intérieure, accord avec les énergies supérieures et objectif spirituel.

Il est important de se concentrer sur la raison du désir d'avoir un enfant d'un sexe donné. Il faut préciser les raisons de ce choix dans une lettre à Sandalphon, écrite un vendredi soir (énergies de Vénus et de l'amour). La nuit de la conception, on allume une bougie blanche neuve, on brûle un peu d'encens de santal, on prend un bain relaxant, on enfile un pyjama blanc.

Transition. L'Archange Gabriel est l'ange de la mort, qui guide l'âme sur le chemin de retour au paradis. D'autres anges "bergers" aident lors de ce voyage. Si la mort a été soudaine, causée par un désastre naturel (tremblement de terre) ou provoquée par la main de l'homme (bombardement), et si beaucoup d'âmes ont péri, il faut invoquer l'Archange Gabriel et les autres anges

L'encens brûlé en tant qu'élément du rituel se retrouve dans les traditions de bien des cultures.

bergers, Suriel, Cassiel, Azrael, Kafziel, Métatron, Yehudiah, Michaël. Pour la mort d'un animal, on appelle Meshabber.

Si on se trouve au chevet d'un agonisant, il faut garder son calme, rayonner la paix et le réconfort et visualiser une échelle de lumière dorée par laquelle les anges descendent pour recevoir cette personne et la raccompagner au Ciel.

Deuil. Selon le *Zohar,* l'ange du deuil est Yehudiah, ange bénéfique. Quand quelqu'un est sur le point de mourir, il descend avec des milliers d'anges assistants pour conduire l'âme au Ciel. La mort d'une personne aimée, d'un ami intime ou d'un parent est souvent une expérience très difficile. Le sentiment de chagrin, de perte ou d'abandon est tel qu'il met à l'épreuve la foi en Dieu, surtout si la mort a été soudaine ou si on a l'impression que la personne est décédée avant son "heure". On a l'impression que la vie n'a pas de sens et il est difficile de continuer avec ce vide douloureux en soi.

Chaque religion propose une période traditionnelle de deuil. Il faut invoquer Yehudiah et prier autant de jours qu'il semble nécessaire. Certains prient lors de l'anniversaire du défunt ou du jour de son décès. On peut placer des photos du défunt sur l'autel angélique (ou créer un autel spécial), puis allumer une bougie blanche et brûler de l'encens devant elles.

GLOSSAIRE

Glossaire

AKASHA

Archive existant au-delà du temps et de l'espace, renfermant des informations sur tout ce qui a été, est ou sera (les archives akashiques). Ces archives sont stockées sous forme de "codes de lumière" et sont accessible à l'aide des êtres supérieurs ou en élevant son taux vibratoire personnel.

ANAMACHARA

Ange celtique ou âme amie.

ANGE

Mot dérivé du grec ancien *aggelos*, "messager". Les anges, obéissant aux lois cosmiques, sont un canal entre Dieu et le monde physique. Ils sont le point focal de l'amour de Dieu pour les hommes, Ils sont pur esprit. Certains assument toutes sortes de formes – complexes et puissantes –, d'autres apportent réconfort, inspiration ou joie, d'aucuns ne quittent jamais le côté des hommes.

ANGE GARDIEN

Chaque personne a un ange gardien, qui lui a été assigné lors de sa première incarnation et qui ne la quitte jamais. Sa tâche est de protéger, de guider et de fortifier contre les forces du mal. Les anges gardiens canalisent la lumière angélique vers les gens, les réconfortant et les assistant d'un bout à l'autre de la vie.

ANGÉLOLOGIE

L'étude des anges. Au fil des siècles, de nombreux manuscrits traitant des anges et des hiérarchies angéliques sont devenus des sources de la tradition angélique.

ANGES DES RAYONS

Chaque archange est associé à un rayon

d'illumination spirituelle, d'une couleur spécifique. Les rayons colorés affectent le corps physique et le corps émotionnel. Ils favorisent la guérison, l'harmonie et le bien-être globaux.

ARCHANGES

Il y a sept archanges, dont le Livre d'Hénoch donne la liste : Uriel, Raguel, Gabriel, Michaël, Seraquel, Haniel et Raphaël. Ils contrôlent et harmonisent l'ensemble de la création divine.

AURA

Appelée aussi champ d'énergie bio-magnétique. Ce champs d'énergie subtile entourant le corps humain est formé de sept strates se rapportant aux sept chakras principaux. Le terme aura vint du grec *avra*, souffle, brise.

CHAKRAS

Centres d'énergie subtile du corps, les chakras sont importants pour le bien-être physique et émotionnel, ainsi que pour la croissance spirituelle. Les sept chakras principaux sont associés à des organes spécifiques qui traitent l'énergie subtile. Tous sont positionnés sur la ligne de centre du corps. Le terme chakra vient du sanskrit signifiant roue.

CHANNELLING

Le channelling est une route plus directe des rêves à l'inspiration et au contact avec le monde angélique. Pour s'unir à son ange gardien, il faut élever son taux vibratoire. Celui-ci pourra alors ouvrir un canal harmonieux, qui permettra de noter ce qui vous est communiqué.

DHARMA

Atteinte de l'illumination grâce à l'abandon de l'illusion.

ÉLÉMENTAUX

Esprits de la nature qui engendrent l'abondance et l'équilibre sur la Terre. Parmi les élémentaux, on trouve les fées (esprits de la terre), les sirènes (esprits de l'eau), les salamandres (esprit du feu), les sylphes (esprits de l'air). Les devas travaillent souvent avec les hommes et sont plus évolués que les élémentaux. Ils demeurent entre autres dans les cristaux de quartz clair et enseignent des principes de guérison.

ÉNERGIE SUBTILE

La vie est influencée par différentes énergies, dont certaines, comme l'énergie subtile, sont invisibles ou imperceptibles à la plupart des gens. Le corps humain est entouré par un champ d'énergie subtile (l'aura). L'énergie subtile est présente dans chacun des chakras.

ÈRE DU VERSEAU

En termes astrologiques, on passe de l'Ère des Poissons, époque d'influence paternelle où les gens laissaient à d'autres la responsabilité pour leur comportement et leur croissance spirituelle, à l'Ère du Verseau, où cette responsabilité est assumée par l'individu. Les adeptes du New Age sont persuadés que ce sera un nouvel âge d'or, où toutes les formes de discrimination disparaîtront.

ESSENCE DE GEMMES

Eau distillée chargée d'énergie subtile grâce à des cristaux.

FORCE VITALE (*CHI*)

L'énergie vitale distribuée dans le corps physique via les chakras. On l'appelle aussi "*chi*" ou "*ki*". Elle imprègne tout et les thérapeutes peuvent la diriger pour induire la guérison.

HIÉRARCHIE CÉLESTE

On connaît plusieurs hiérarchies des êtres célestes, dont celle de l'Ancien Testament, du Nouveau Testament, la *Hiérarchie céleste* du Pseudo-Denys, les œuvres de saint Thomas d'Aquin. La première sphère comporte les ordres les plus proches de Dieu : les séraphins, les chérubins et les trônes. La seconde sphère renferme les dominations, les vertus et les puissances, la troisième, les principautés, les archanges et les anges (y compris les anges gardiens).

HIÉRARCHIE SPIRITUELLE

Cette hiérarchie est formée des âmes élevées comme celles des maîtres élevés, des saints et des bodhisattvas qui supervisent l'évolution spirituelle de l'humanité.

KABBALE

Tradition mystique juive, riche source angélique. *Qabbalah* signifie "recevoir la sagesse cachée". Ses deux textes les plus importants sont le *Zohar*, le "Livre de la

Splendeur", et le *Séfer Yetsirah,* le "Livre de la Création". L'élément essentiel de la Kabbale est l'Arbre de vie, diagramme visuel tentant de représenter la voie de retour à Dieu via les dix sefirot, formées par l'énergie divine descendant d'en-haut.

LIVRES D'HÉNOCH

Les trois Livres d'Hénoch sont des textes extracanoniques, attribués au grand-père de Noé et rédigés par divers auteurs entre 200 AV. J-C. et 100. Le Livre d'Hénoch éthiopien (I Hénoch) a subsisté uniquement en langue éthiopienne. D'autres fragments de I Hénoch ont été découverts parmi les manuscrits de la mer Morte. Le Livre des Secrets d'Hénoch (II Hénoch) a subsisté en vieux slave, le Livre d'Hénoch hébreu (III Hénoch)à, en hébreu.

MIASME

Empreinte énergétique subtile qui se loge dans n'importe quel chakra, provoquant maladie émotionnelle ou physique. Il y en a quatre types : karmique, acquis, hérité et planétaire.

PORTE DES ÉTOILES

Ouverture vers une autre dimension.

TEMPLE DE LUMIÈRE

Chaque archange a un temple "ancré" dans le monde éthérique (le monde physique), normalement situé sur un vortex de "pouvoir" – où se croisent les lignes ley – ou au-dessus des chaînes montagneuses isolées, par exemple. On peut aussi les trouver au-dessus des sites sacrés terrestres, comme les temple égyptien de Louxor. Les temples de lumière ont été établis pas la hiérarchie spirituelle sous la direction des archanges. Chacun a un objectif différent – les chercheurs spirituels qui visitent un temple pendant la méditation ou dans les rêves sont inspirés par la vertu cosmique de celui-ci.

TAUX VIBRATOIRE

Fréquence de l'activité cérébrale du cortex. Un taux vibratoire élevé, où les deux hémisphères sont en parfait équilibre, apporte l'extase. En élevant le taux vibratoire, on atteint des états plus subtils d'activité cérébrale (spiritualisé) et une plus grande unité avec Dieu.

INDEX & REMERCIEMENTS

Index

Les chiffres en *italique* indiquent les illustrations.

Remerciements

REMERCIEMENTS DE L'AUTEUR

Merci au monde angélique pour son aide et direction lorsque j'écrivais ce livre et j'effectuais des recherches sur ce sujet. Merci à mes amis angéliques, particulièrement à Glennyce Eckersley et à Diana Cooper. Un merci spécial aux milliers de personnes qui ont assisté à mes séminaires sur les anges au cours de ces derniers 16 ans et partagé leurs expériences, histoires et manières de regarder les anges. Pour finir, je veux remercier ma famille pour son amour et son soutien inconditionnels.

Directeur exécutif Sandra Rigby
Éditeur Jessica Cowie
Directeur artistique exécutif Sally Bond
Designer Annika Skoog for Cobalt Id
Illustrateurs Kuo Kang Chen, Stephen Angel
Iconographe Jennifer Veall
Contrôleur de production Simone Nauerth

CRÉDITS ILLUSTRATIONS

Andrew Alden, geology.about.com 330. **AKG, London**/British Library 68. **Alamy**/Eddie Gerald 83, 377. **BananaStock** 217. **Bridgeman Art Library**/British Library, Londres, G-B 175, 198; /Collegiale Saint-Bonnet-le-Château, France, 356; /The De Morgan Centre, Londres 100; /The Detroit Institute de Arts, États-Unis, Bequest de Eleanor Clay 148; /Galleria degli Uffizi, Florence, Italie, Alinari 196; /Galleria dell' Accademia, Venise, Italie 370; /Louvre, Paris, France, Peter Willi 15, 193; /MAK, Vienne, Autriche 71; /Musée des Beaux-Arts, Rennes, France, Giraudon 61; /Musée du Petit-Palais, Avignon, France 91; /Museo del Castelvecchio, Verona, Italie 59; /Art Gallery de New South Wales, Sydney, Australie 11; /Padua Baptistery, Padua, Italie, Alinari 181; /Palazzo Ducale, Urbino, Italie 177; /Collection privée, par la courtoisie de Julian Hartnoll 212; /Collection privée, Dinodia 183; /San Marco, Venise, Italie, Cameraphoto Arte Venezia 55;

/Sanctuary de Santa Maria delle Grazie, Saronno, Italie 53; /Sanctuaire de la Vierge des Miracles, Saronno, Italie 334; /Trustees de the Royal Watercolour Society, Londres, G-B, 57. **Corbis UK Ltd** 352 bas droite, 355 haut; /Archivo Iconografico, S.A. 199; /The Dead Sea Scrolls Foundation, Inc. 12; /Digital Vision 362 bas centre gauche; /Emely 214; /LWA-Stephen Welstead 42; /Ron Watts 191. **Getty Images** 202; /Amanda Hall 82; /Gavin Hellier 41; /Jasper James 96; /LaCoppola-Meier 345; /LWA 375; /Manchan 268; /Ralph Mercer 156; /Sasha 189; /Jean-Marc Scialom 211; /Elizabeth Simpson 103; /Siri Stafford 247; /Peter Teller 206; /Vega 161; /Simon Watson 39; /Toyohiro Yamada 162; /Mel Yates 248. **ImageSource** 21, 94, 215, 264, 379. **Octopus Publishing Group Limited** 18, 144, 146, 220, 281 haut droite, 286, 288, 290, 292, 294, 296, 298 haut, 298 bas, 300 haut, 300 bas, 304 haut, 304 bas, 306 haut, 306 Bas, 308, 310, 312, 314, 316 haut, 316 bas, 318 haut, 318 bas, 320, 322 haut, 322 bas, 324 haut, 324 bas, 326 haut, 326 bas, 328, 332 haut, 332 bas, 342, 347 haut gauche, 348 haut gauche, 348 haut droite, 349 centre, 350, 350 centre, 351 bas gauche, 353 haut gauche, 353 haut droite; /Frazer Cuningham 27, 31, 221, 228, 231, 285; /W. F. Davidson 352 bas gauche; /Walter Gardiner Photography 241; /Janeanne Gilchrist 270; /Marcus Harpur 354 bas gauche; /Mike Hemsley 368; /Ruth Jenkinson 340, 347 haut droite; /Andy Komorowski 255, 302; /Andrew Lawson 349 bas; /William Lingwood 355 bas; /David Loftus 147; /John Miller 179; /Peter Myers 232, 237, 238; /Sean Myers 351 bas droite; /Ian Parsons 378; /Mike Prior 234, 256, 336, 339; /Peter Pugh-Cook 38; /William Reavell 337; /Russell Sadur 16-17, 24, 25, 28, 29, 33, 34, 36, 99, 153, 194, 258, 266, 272, 341; /Gareth Sambidge 86, 354 bas droite; /Unit Photographic 19, 224, 283, 365; /Ian Wallace 35, 145, 343, 346; /Mark Winwood 26, 246

Lo Scarabeo 261. **Photolibrary Group**/Botanica 23; /Francois De Heel 373; /Meyer Richard 254; /Bibikow Walter 165. **PhotoDisc** 9, 22, 49, 50, 62, 64, 118, 136, 140, 141, 155, 158, 164, 168, 170, 242, 358, 359, 374. **The Picture Desk Ltd./The Art Archive**/Dagli Orti 46; /Musée d'art turque et islamique Istanbul/Harper Collins Publishers 184; /Musée d'art turque et islamique, Istanbul/Dagli Orti 172; /Eileen Tweedy 200. **Scala Art Resource**/Smithsonian American Art Museum, Washington DC, États-Unis 278. **Werner Forman Archive** 280